江苏名村

九里村志

丹阳市延陵镇九里村志编纂委员会
江苏省地方志工作办公室
编著

JIANGSU FAMOUS VILLAGE

ANNALS OF JIULI VILLAGE

南京出版传媒集团 南京出版社

图书在版编目（CIP）数据

江苏名村. 九里村志 / 丹阳市延陵镇九里村志编纂委员会，江苏省地方志工作办公室编著. -- 南京 ： 南京出版社，2024. 10. -- ISBN 978-7-5533-4995-4

Ⅰ. K295.35

中国国家版本馆 CIP 数据核字第 2024TF0810 号

书　　名　江苏名村 · 九里村志
作　　者　丹阳市延陵镇九里村志编纂委员会
　　　　　江苏省地方志工作办公室
出版发行　南京出版传媒集团
　　　　　南 京 出 版 社
　　　　　社址：南京市太平门街53号　　邮编：210016
　　　　　网址：http://www.njcbs.cn　　电子信箱：njcbs1988@163.com
　　　　　联系电话：025-83283893、83283864（营销）　025-83112257（编务）

出 版 人　项晓宁
出 品 人　卢海鸣
责任编辑　严行健
装帧设计　良在设计
责任印制　杨福彬

排　　版　南京凯德印刷有限公司
印　　刷　南京凯德印刷有限公司
开　　本　787毫米×1092毫米　1/16
印　　张　12.5
字　　数　140千字
版　　次　2024年10月第1版
印　　次　2024年10月第1次印刷
书　　号　ISBN 978-7-5533-4995-4
定　　价　98.00元

用微信或京东APP扫码购书

用淘宝APP扫码购书

江苏名镇名村志

总序

江苏人文荟萃，文化底蕴深厚，享有“方志之乡”的美誉。历代志书不仅数量众多，良志辈出，而且镇村志编修也十分发达。仅明清两代，江苏就有镇村志239种，为全国仅有。党的十八大以来，地方志事业进入新的发展阶段。根据《国务院办公厅关于印发全国地方志事业规划发展纲要（2015—2020）的通知》对镇村志工作提出的新要求，2016年12月，省政府办公厅发文，启动全省名镇名村志编修。这是江苏镇村志编修的新的里程碑。

习近平总书记强调，乡土文化的根不能断。乡镇村庄是中华传统文化的根基，积淀了中华民族灿烂的农耕文明，见证了千百年来社会的发展变迁，寄托无数华夏儿女的乡愁记忆。江苏现有国家级和省级历史文化名城16座、历史文化名镇39个、历史文化名村18个、中国传统村落33个、历史文化街区99处。国家级历史文化名城、名镇和中国历史文化街区的数量均名列各省区首位。在这片肥沃的土地上，江苏人民世代躬耕劳作，留下了数量众多的名镇名村，催生了丰富多彩的乡土文化。有“人家尽枕河”的江南小镇，也有“两面云山一面湖”的淮海胜境；有“水光翻动五湖天”的自然景致，也有“听取蛙声一片”的农家村落。这些名镇名村所蕴含的优秀乡土文化，是中华传统文化的重要组成部分。

党的十九大提出乡村振兴战略。这是美丽乡村建设的关键举措，也是传承发展传统文化的有效途径。截至2018年底，我国常住人口城镇化率达59.58%，江苏达到69.61%。千百年来“暧暧远人村，依依墟里烟”的乡村中国，正在经历着人类历史上规模最大、速度最快的城镇化进程。如何处理好传统与现代、继承与发展的关系，如何把记忆留住、把乡愁留下，是摆在我们面前的一道必答题。江苏以高度的历史责任感，出台保护名镇名村的政策法规，探索保护名镇名村的路径方法，为社会经济发展留下文化根脉，让子孙后代望得见山、看得见水、记得住乡愁，众多名镇名村得到有效保护，不少名镇名村驰名中外，许多有益的探索弥足珍贵。这些可圈可点的江苏经验，是一笔不可多得的宝贵财富。

“直笔著信史，彰善引风气，为当代提供资政辅治之参考，为后世留下堪存堪鉴之记述。”省地方志办公室组织编纂的《江苏名镇名村志》丛书，旨在通过权威的地情资料，以突出“名”“特”的志书表达方式，记录名镇名村的前世今生，展示名镇名村的文化魅力，推介名镇名村的品牌价值，让乡愁记忆有所承载，让家国情怀有所寄托，为乡村振兴战略提供人文关怀，为新型城镇化建设提供历史智慧。

省地方志办公室坚持理念创新，引领工作创新，创造性地以编纂全媒体志书的思路指导江苏名镇名村志丛书的编纂。不仅积极抢救保存传统的村镇文化，更着眼未来，把宣传推介村镇文化、服务乡村振兴战略作为志书的重要使命，让名镇名村志成为当地名片。不仅如实记录名镇名村发展的历史，更适应当代记录手段的多样化，采用时尚图书的做法、按照最美图书的标准，改变以文字记录为主的传统方式，把音视频、图片与文字等量齐观，让读者在有限的时间和空间内获取最大的信息量，使名镇名村志从无声变成有声，从平面成为立体，从静态变为动态，真正为人民群众所喜闻乐见。

“君自故乡来，应知故乡事。”每一部志书，记载的都是一方水土上的人和事，都是一方人民的精神家园。希望大家在打开《江苏名镇名村志》，品读一个个鲜活的乡村故事的时候，努力地去触摸民族精神的灵魂，在深切感受历史文化气息和爱国爱家情怀的过程中，涵养文化自信的根基。

谢润盛

2020年8月

序

江苏省丹阳市延陵镇九里村历史悠久，人杰地灵，是吴文化的发祥地之一。春秋时期，吴国公子季札三让王位，躬耕延陵、安葬九里，至今已有2500多年历史。秦汉时期，九里旧县自然村是古曲阿县城所在地。晋时，九里季子庙声名远扬，沸井名闻天下。明清时期，九里村因庙而兴，成为丹阳、丹徒、金坛三县交界处繁华集镇。

季札被誉为“儒家先驱”“江南人文始祖”，是德者、贤者、智者，无论是政治评论、艺术审美，还是待人处事、修身治国，都体现出“至德文化”。号称“江南第一庙庭”的季子庙与茅山道观联袂，形成江南“上茅山，回九里”的民俗。香客与文人雅士来访络绎不绝，繁荣了九里商业经济，积淀了深厚的古吴文化底蕴。

到了近现代，九里成为茅山革命根据地的中心区域之一。抗日战争时期，九里建立多个中共地下组织和游击小组，积极配合新四军与侵华日军展开英勇顽强的斗争，取得威震江南的“延陵大捷”，为抗击日军作出不可磨灭的贡献。

中华人民共和国成立后，尤其是改革开放以来，九里人民艰苦奋斗，勇立潮头，抢抓机遇，锐意进取，经济社会发展成就瞩目，村容村貌呈现前所未有的新风貌，成为乡风民风美、人文环境美、文化生活美的美丽宜居乡村。为传承弘扬古吴文化和季札精神，九里人重建季子庙，并将其打造成为国家AAA级景区，成为丹阳全域旅游先行区。

党的十八大以来，九里人满怀信心沿着新时代中国特色社会主义道路迈进，为把九里建成经济强、百姓富、环境美、社会文明程度高的社会主义新农村而奋力拼搏，成功将九里创建成“全国文明村”“全国乡村治理示范村”“中国传统村落”“江苏省历史文化名村”“江苏省水美村庄”“江苏省生态村”“镇江市美丽宜居乡村”“镇江市最美乡村”。

盛世修志是中华民族的优良传统。《九里村志》如实反映了九里村的历史和现状，它的付梓问世，能让更多的九里人了解并深爱自己家乡，是九里人为后人留下的一部系统而翔实的历史文献，是激发九里儿女爱国爱乡的重要乡土教材，必将为九里今后的经济社会发展提供丰富的历史营养，催生新时代奋斗前行的精神动力。

延陵镇党委、政府对《九里村志》的编纂工作高度重视，镇江市史志办、丹阳市史志办的领导和专家自始至终悉心指导。我们谨代表延陵镇党委、政府，向所有关心《九里村志》编纂的领导、专家以及全体采编人员、编纂人员和提供资料的各界人士致以崇高的敬意和衷心的感谢！

九里人民一定能在传承弘扬优秀传统文化的同时，与时俱进、踔厉奋发，创造出更加灿烂的中华民族现代文明。

是为序！

中共丹阳市延陵镇委员会书记　张金伟

丹阳市延陵镇人民政府镇长　聂　冰

2024年10月

江苏名镇名村志编纂委员会

主　　　任	谢润盛
常务副主任	左健伟
副　主　任	牟国义　陈　华　桑　荟　肖延川　金　文　朱新华　姚文中
成　　　员	姜巧玲　张曙峰　艾新建　柯善学　乐　江　姜荣芳　陆瑞萍　许　军　张　波　陈永平　卜兴荣　张士林　李　军
编委会办公室	宫冠丽　徐彩霞　黄　静　尤　岩　何　磊　焦寨军

《江苏名村·九里村志》编纂委员会

第一届（2022年5月—2023年8月）

主　　任　陈文俊

副 主 任　张金伟　赵志俊　赵春红　郦友良

委　　员　姜　媛　张冬花　贡献平　毛玉芬　欧阳和祥

第二届（2023年8月—）

主　　任　张金伟

副 主 任　聂　冰　赵志俊　赵春红　郦友良

委　　员　姜　媛　张冬花　贡献平　毛玉芬　欧阳和祥

《江苏名村·九里村志》编辑部

主　　　编　郦友良

副　主　编　殷达仁

顾　　　问　王　强　夏炳忠　张　慧

业 务 指 导　翁红霞　孙燕宾　邹文学　陈春芳

摄　　　影　朱　敏

终 审 单 位　镇江市史志办公室

终 审 人 员　陈其弟　乔　鸣　刘扣林

验 收 单 位　江苏名镇名村志编纂委员会办公室

验 收 人 员　唐华龙　陈家荣　黄　静

批准出版单位　江苏名镇名村志编纂委员会

凡例

一、以马克思列宁主义、毛泽东思想、邓小平理论、“三个代表”重要思想、科学发展观、习近平新时代中国特色社会主义思想为指导，坚持辩证唯物主义和历史唯物主义，存真求实，客观记述九里村发展历史与现状，发挥名村志记录历史、传承文化、服务乡村振兴、激发爱国爱乡情怀的独特作用。

二、记述上限溯及事物发端，下限至2021年12月31日。记述内容详今明古，侧重反映时代特色和地方特点，体现名村的“名”与“特”。

三、记述地域范围以现行政区域范围为主。

四、人物部类遵循“生不立传”原则。人物传略记载已故人物，人物简介记载当代名人事迹，名人履痕收录有影响的客籍人物在本地的活动片段。

五、计量单位和数字的使用，执行国家新闻出版有关规定。原则上使用法定计量单位，“亩”“公斤”“公里”等仍按社会习惯沿用，不作换算。个别古代计量单位加注说明。

六、清代以前的纪年使用朝代年号纪年，括注公元年份，1912年1月1日后使用公元纪年。

七、数据以国家统计部门的发布为准，统计部门未提供的，以相关部门提供的数据为准。

八、“解放前（后）”，以丹阳解放日（1949年4月23日）为界。“新中国成立前（后）”，以1949年10月1日为界。文中未注明世纪的年代，均为20世纪的年代。

九、正文的相关位置设有“二维码”，可扫码进行拓展阅读。

九里村行政辖区图

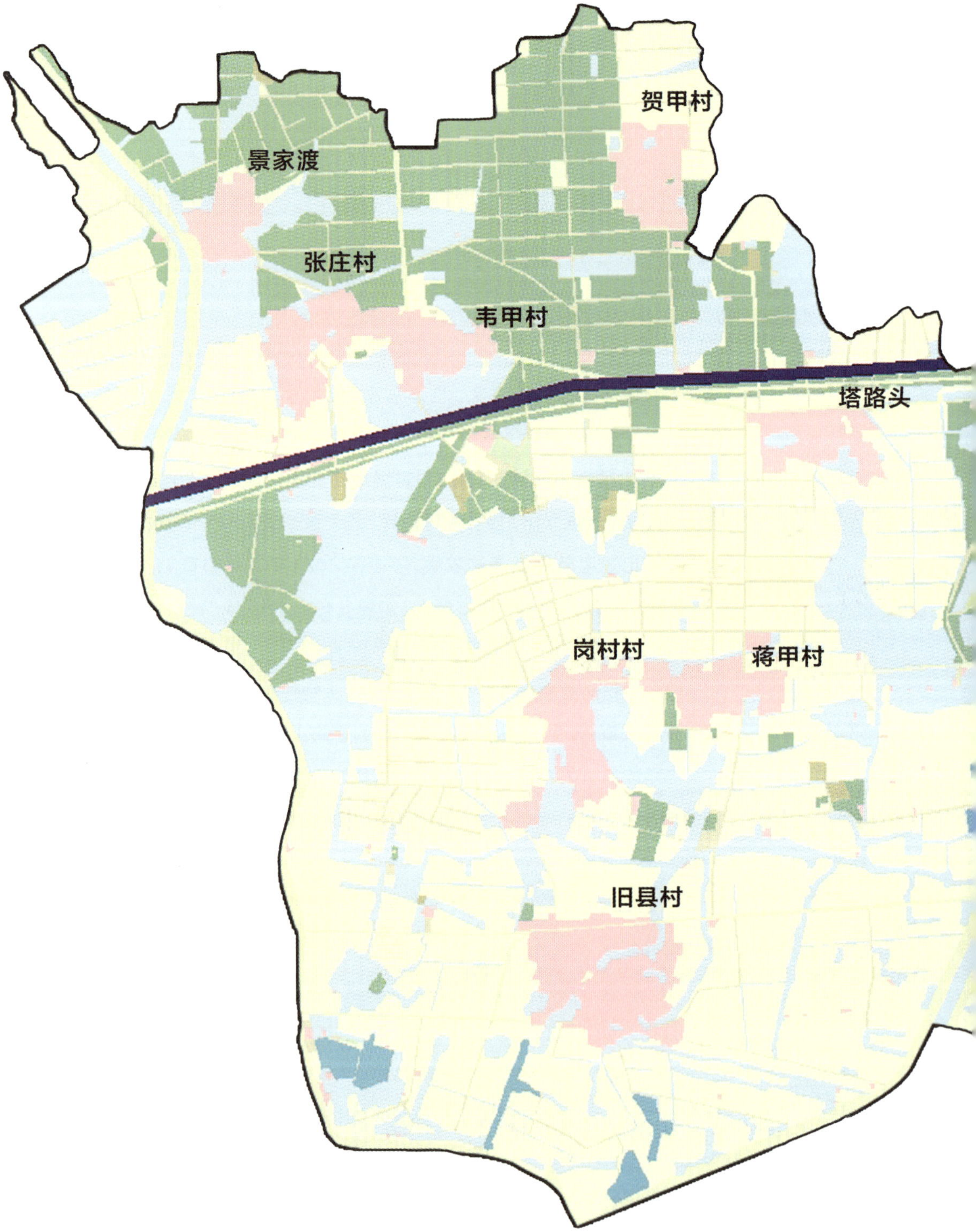

图例

注:底图为《丹阳市国土空间总体规划（2021-2035年）》中的国土空间用地用海现状图

村庄建设用地
城镇集中用地
耕地
园地
林地
陆地水域
高速公路
铁路
一级公路
二级公路
其他公路
县界
镇界
村界
九里村委会

九里村在丹阳市位置示意图

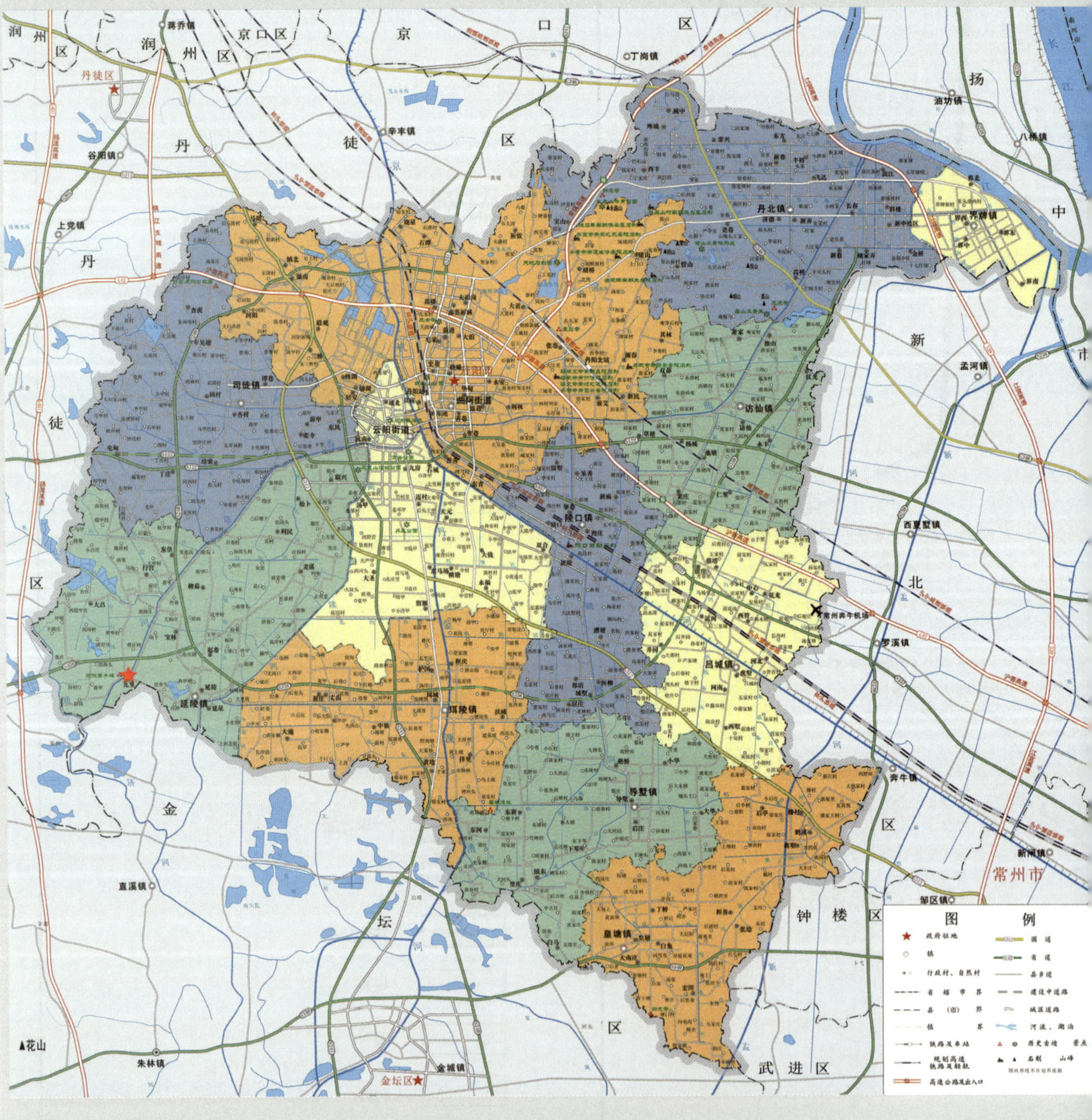

审图号：苏镇S(2018)04号

目　录

季子圣像

至德遗风地　宜居传统村

这里是江南人文始祖吴季札的封邑核心，这里是新四军茅山抗日根据地的重要据点，她就是江苏省丹阳市延陵镇九里村。九里村因距古延陵县城9华里而得名，是中国传统村落、全国文明村、全国农业旅游示范点、全国乡村治理示范村、江苏省历史文化名村、江苏省特色田园乡村。

一

九里行政村位于丹阳市西南部香草河畔，距丹阳市区约20公里，地理坐标北纬31° 53′ 33″，东经119° 26′ 18″。村域总面积11.4平方公里。2021年，有耕地7109亩、水域面积5642亩、其他面积2708亩。住户1729户，总人口5086人，其中男性2469人、女性2617人。总人口中99%为汉族。有姓氏180余个，主要为潘、郦、陈、邓、韦、张、景、贡、蒋、贺等。全村从业人员2110人，其中从事二、三产业1863人。

九里村地处宁镇丘陵冲击扇面前端与茅山东北麓地表径流交汇地带，地势平坦，沟塘密布。域内东有香草河（域内长3.5公里）、南有通济河（域内长6.5公里）两条流域性河道，有朝阳河、中心河等

乡级河道，还有广慈塘（古名荒寺塘）、湟岸、蒋庄岸等大小水塘36个，水资源丰沛。

自秦代始，延陵通茅山的陆路“姜巴大道”经过域内。水路依托香草河、通济河，向南达太湖，向北连京杭大运河。水陆交通条件得天独厚，历史上的九里曾是茅山北麓的西旸（属金坛）、荣炳（属丹徒）、宝堰（属丹徒）、春城（属句容）等地进出口货物集散地和中转站，三县交界，为九里古镇的形成和发展提供丰厚的资源。

20世纪60年代，兴修水利带动乡间道路建设。70年代，乡间机耕路建设全面铺开。2004年，“村村通”工程实现村际道路硬质化。至2021年，村域道路四通八达，交通便捷。

九里老村鸟瞰

二

九里村历史悠久，文化底蕴深厚。江南人文始祖、春秋吴国公子季札是孔子特别敬重的老师，他三让王位、至德诚信的高风亮节千古流传。季札后人在九里立祠奉祀，引来历代无数文人墨客凭吊咏怀，留下许多人文诗话、石刻碑记。春秋孔碑（十字碑）、沸井涌泉（九里沸井）、万顷春波（万顷洋）、长桥横汉（季河桥）、高阁连云（夫子阁）位古延陵八景之列。九里沸井在晋朝时就名扬天下，并逐渐形成“上茅山，回九里”的民间习俗。每年农历四月十三九里季子庙会影响遍及丹阳、金坛、丹徒、句容4县365村，规模之大堪称一奇。2009

年，“九里季子庙会”被列入江苏省级非物质文化遗产名录。境域内旧县村在秦代至东汉末年是古曲阿（今丹阳）县城所在地，至今尚存城隍庙、曲阿牌坊等遗址。

1999年，九里村重建季子庙，并打造成国家AAA级景区。季子庙文化景区和贺甲战斗红色革命文化景区结合乡村休闲、田园观光，成为丹阳旅游业一大支柱。咏怀先贤至德、凭吊革命英烈、欣赏沸井奇观、领略田园风光的旅游成为九里经济新的增长点。

三

九里村有着光荣的革命传统。1938年冬，旧县、九里和蒋庄等村先后成立中共地下支部。嗣后，张庄、蒋甲等村也相继成立中共地下支部、党小组，村民在中共地下组织领导下袭扰敌伪、拥军支前、减租减息、锄奸除霸、掩护革命志士，为新四军及游击队在该地区开展抗日活动提供有力支持。发生在九里的“延陵大捷”声震江南，成为新四军江南游击战的典型战例。抗日战争时期，全村先后有70余人参加新四军，其中26人血洒疆场。

解放战争时期，新四军北撤时留在苏南的许多工作人员惨遭杀害，中共地下党员和革命志士坚持地下斗争。解放军渡江前夕，他们发动群众积极做好准备，迎接解放军渡江；筹集军粮军草，支援解放大军南下。

四

九里村多为圩田区，土地肥沃，水资源丰富，但常有洪涝灾害伴随，当地有句俗语：“马山门一倒，金坛、溧阳难保。”马山门是古香草河九里段东岸的一个泄洪闸，平时开闸通行，汛期关闸防洪。香草河是宁镇丘陵来水和延陵镇西部地区积水的泄洪河道。每当大雨来临，通济河、胜利河、后河等河道的洪水都

俯瞰九里景区

九里村鸟瞰

要从香草河夺道而走。为保香草河东岸数万亩农田平安，每汛必对马山门严防死守。香草河以西洪水只能在农田里蓄积自囤，形成一片汪洋，俗称万顷洋。

中华人民共和国成立后，人民政府领导村民开沟筑渠，拓浚河道，根治水患。多次拓浚香草河、通济河、胜利河等河道，提高引流和泄洪能力。1958年起，九里开始建造电灌站和排涝站。至2000年，先后建成电灌站8座、排涝站9座，消除危害几千年的水旱灾害。1983年后，农业改革，土地集约化程度提高，九里生态农业和特色农业迅速发展，先进生产技术不断推广，机械化程度不断提高，粮食亩产由20世纪50年代初的250公斤左右提高至2021年的650公斤左右。水产养殖、栽桑养蚕、经济作物种植等多种经营蓬勃发展，现代农业初见成效。

九里工业起步于20世纪60年代，至70年代年产值达230万元。改革开放给九里工业经济插上腾飞翅膀。2021年，全村有企业21家，村级经济固定资产6765余万元，地区生产总值1.15亿元，村集体收入153万元。

五

两千多年来，延陵季子的高尚品德培育了九里淳朴的民风。中华人民共和国成立后，在中国共产党的领导下，九里人民秉承季札遗风，始终坚持社会公德、职业道德、家庭美德、个人品德和爱国主义、革命传统教育，村民的精神境界不断提高。中共十八大以后，九里人瞄准“富强、民主、文明、和谐、美丽”目标，挖掘、发展古吴文化，不断提高社会文明程度，为建设社会主义新九里而辛勤耕耘。

九里村历来崇文重教，中华人民共和国成立前，很多自然村都办有私塾馆。中华人民共和国成立后，村民们配合政府集资出力，将村校逐渐办成现代化学校。进入20世纪90年代，因生源锐减，村校逐渐并入行宫中心小学和行宫中学。至2021年，全村有大学（含大专）以上学历者近600人，其中，博士研究生5人，博士后2人。

九里村的群众性文娱体育活动历来比较活跃。20世纪50年代初，有小型剧团5个。60年代，有毛泽东思想宣传队6支。2021年，有各类文娱团体7个。1949年前，成立醒狮篮球队。50—60年代，篮球活动蓬勃开展，多数村建有篮球场和篮球队，旧县村的浪花队和九里村的九联队闻名丹阳。进入21世纪，健身运动普及，全村有健身广场15个、篮球场12个、休闲娱乐场所11个，配备健身器材13套。

“沧海横流人间变，天翻地覆慨而慷”。九里村肩负历史使命，一路风霜一路歌，焕发着强大生命力，走在时代发展的前列。新起点，新征程，九里人将赓续中华优秀传统文化，高举新时代发展大旗，建设“经济强”“人民富”“环境美”“社会文明程度高”的新九里。

村情概览

九里村位于丹阳市西南部，地处丹阳、丹徒、金坛三市（区）交界点。东与丹阳市延陵镇延陵村相连，南与常州市金坛区直溪镇隔香草河相望，西以通济河为界与镇江市丹徒区宝堰镇为邻，北与延陵镇大吕村接壤。东北距丹阳市区20公里，西北距句容市区35公里，北距镇江市区40公里。区域面积11.4平方公里，辖11个自然村、70个村民小组，总人口5086人。

九里村地理环境优越，交通便利，规划中的358省道从境域内穿过。农业经济发达，是丹阳著名的粮油与水产品供应基地。改革开放后，中共九里村委员会、九里村村民委员会带领村民解放思想、真抓实干，高效农业、生态旅游业等迅猛发展，人民生活水平显著提升，实现物质文明和精神文明双丰收，先后荣获“江苏省历史文化名村”“中国传统村落”“全国文明村”“全国农业旅游示范点”“全国乡村治理示范村”等称号。

历史沿革

村名由来

春秋时期，吴国公子季札曾三让王位，他被封于延陵，史称“延陵季子”。季札去世后，后人在其封邑故地建祠奉祀，江南季子庙名噪一时。晋太康二年（281），以曲阿县（今丹阳市）西南延陵乡置延陵县，今延陵集镇即古延陵县治。季子庙距延陵县城9里，时人亦称之为“九里庙”。庙盛人聚，形成村落，成为热闹一方的小市镇，谓九里村，也一度称九里镇。

建置区划

春秋时属吴，吴亡后先后属越、楚。秦统一六国后，属会稽郡曲阿县。西汉初，属荆国、江都国。晋太康二年后，属延陵县。宋熙宁五年（1072）延陵县废后，归属丹阳县。

明清时，九里属丹阳县寿安乡。清宣统三年（1911），设九里镇，属丹阳县寿安市。1929年，属丹阳县第二区（延陵区）。1934年，改九里镇为九里乡，属丹阳县第二区。1940年，改属九里区。1946年，改属麦溪区九里镇。1948年，改九里镇为乡。

1949年4月，丹阳解放，设九里乡，属延陵区。1956年，九里地区成立马山门、解放、旧县高级农业生产合作社，划归金坛县登冠乡管辖。1957年，划归丹阳县，分别改名九里、五星、旧县高级农业生产合作社，属行宫乡。1958年9月，实行人民公社制度，九里属延陵人民公社。1958年，高级农业生产合作社改建为大队。1959年5月，行宫人民公社成立，改属行宫人民公社。1961年，塔路头、贺甲从五星大队析出，成立贺甲大队。1983年，撤销公社，属行宫乡。1996年，塔路头从贺甲行政村析出，成立塔路头行政村。2001年，贺甲、塔路头、张庄行政村合并为五星行政村。2005年11月，延陵、行宫、麦溪3个乡镇合并为延陵镇。2010年6月，九里、旧县、五星3个行政村合并为九里行政村，属延陵镇。2021年，九里行政村辖九里、旧县、张庄、蒋庄、贺甲、塔路头、韦甲、景家渡、蒋甲、岗村、赤石岸11个自然村，70个村民小组。

自然村简介

九里村　位于村内中部、香草河畔，沟渠纵横，河塘密布。民国时期每天有客、货船来往丹徒宝堰镇和丹阳县城。抗战前，九里是繁华集镇，以季子庙为中心，庙前东西向石板街和正对庙门的南街构成“丁”字形街区。1949年前夕，九里集镇有南货、茶馆、饭店、客栈、香烛、木竹器等店铺60余家。20世纪80年代起，村里先后创办日化厂、毛纺厂、建筑站等企业，临河建货运码头2座。随着丁延路建成，老街店铺逐渐向东迁移，丁延路两旁形成商业一条街，有超市、餐饮、维修服务等店面50余家，早市有蔬菜、杂货摊位近100个。1999年，重建季子庙。2010年，九里新村竣工。

2021年，全村有居民371户1060人，土地面积2384.32亩，其中耕地1038亩。

旧县村　位于九里自然村南约2公里处，东濒香草河与常州市金坛区隔河相望，南、西以通济河为界与镇江市丹徒区为邻，为三县交界点。旧县是丹阳早期的县城所在地，丹阳自秦朝设县后到东汉末这段时间的县城都在这里，故名旧县村。村中有城墙、城隍庙等遗址。1938年，新四军挺进江南后，陈毅等主要领导经常在此办公。是年冬，该村成立中共地下支部，组建农抗会、青抗会、妇抗会、游击小组等抗日组织，建成丹阳红色堡垒村。旧县村地处洮滆平原北部边缘，土地肥沃，水源丰富，是宜农之地。该村是建筑大村，20世纪末有11个建筑队（公司）。

2021年，全村有居民328户946人，土地面积3350.52亩，其中耕地1559亩。

旧县村

张庄村

蒋庄村

张庄村 位于九里自然村西2公里处，东与韦甲村相连，南濒通济河与镇江市丹徒区隔河相望，西邻景家渡村，北毗延陵镇圩桥村。村域西部是岗坡，东部为水网平原，村前有丹茅路通往丹阳城和茅山。旧时，村南近通济河处有座关公庙，村北至宝堰路南有一座茅庙，抗战时是游击队的联络点。先民来自大吕张氏，故名张庄。后张氏人丁减少，以陈、戴两姓为主。1949年前，村域文娱活动丰富，特别是“荡湖船”在周边很出名，1949年后，该村成立小型剧团。

2021年，全村有居民145户452人，土地面积1545.68亩，其中耕地528亩。

蒋庄村 位于九里自然村北1公里处，东隔香草河与延陵镇岗下村相对，南隔朝阳河与九里村相望，西隔丁延路与延陵镇东风村为邻，北毗延陵镇北岗村。村前有大潭、长沟、大凌塘，村后有齐岸，村西有老芦滩，村北有八岸塘、八字塘。据传几百年前，金坛迪庄邓氏到茅山进香，后在九里烧回头香时发现蒋庄这块地方风水很好，便迁居于此。民国时，村内建有邓氏宗祠。村东、南、北3面建有南塘桥、土地桥、搭令岗桥，还建有土地庙、关帝庙、财神庙、牛郎庙，村内有碾坊和蒸灶各1座、磨坊7座。

2021年，全村有居民149户492人，土地面积1429.12亩，其中耕地563亩。

贺甲村 位于九里自然村西北约2公里处，东濒圩庄大湖，南与韦甲村、张庄村毗邻，西与延陵镇圩桥村、延陵镇西岗村相连，北与延陵镇北圩庄村接壤。该村原名西俞庄，数百年前，贺氏由丹阳蒋墅迁来后，不断发展，故名贺甲村。村域是著名的“延陵大捷”（又称“贺甲战斗”）发生地，有贺甲战斗纪念馆（贺氏宗祠）、贺甲战斗烈士墓等红色遗迹。历史上的贺甲村紧邻圩庄大湖，四周有双塘、小坟塘、大波塘、沿塘等水资源充足，是宜农之地。

2021年，全村有居民96户247人，土地面积1074.32亩，其中耕地416亩。

塔路头村 位于九里自然村西约1公里处，南接蒋甲村，西毗韦甲村，北濒圩庄大湖与延陵镇圩庄村隔湖相对。古时，村域西北50米处有一座塔，村南为延陵通往茅山的古驿道“姜巴路”，故名。1949年前，村东有土地庙、关王庙、潘氏宗祠，村西有张氏宗祠，今均不存。该村坐落于一低坡上，村东南60米处是蒋庄岸，蒋庄岸东有低丘、野火山、乌龟山，村西地势由高渐低。村北100米处有座面积约10亩、高约10米城河山，自城河山向北地势次第下降。

2021年，全村有居民112户313人，土地面积1487亩，其中耕地590亩。

韦甲村　位于九里自然村西约2公里处，东毗塔路头村，南隔广慈塘与岗村相望，西连张庄村，北邻延陵镇圩桥村。村民以韦姓为主，相传为庄湖韦姓分支迁于此，故名韦甲村。村域地处一低坡之上，村东有1个大塘（里岸），水面40亩，村南是广慈塘，村东、村北是平地，临近通济河圩冲区。抗日战争时期，韦甲村与张庄村联合成立中共地下组织和农抗会、青抗会等抗日组织，开展减租减息、拥军支前、配合游击队袭扰日伪等活动。

2021年，全村有居民101户299人，土地面积1421.68亩，其中耕地536亩。

景家渡村　位于九里自然村西约3公里处，东邻张庄村，村南、村西有通济河环绕而过，隔河与丹徒区宝堰镇相对，北与下湖庄遥遥相望。该村原名后墩村，据传宋朝初期有近千户人家。北宋末年，金兵入侵，村庄被毁，只有一景姓村民幸存，在通济河畔摆渡为生，故名景家渡。村域曾有景氏宗祠1座，3开间3进。村东西以岗坡地为主，南北为平地，村南有花进沟、引水沟，村西有高田沟、金花塘，村北有湖塘。古时，水路向南可由通济河进入太湖，向北可经香草河连通苏南运河。1964—1991年，在通济河3次疏浚工程中，全村搬迁59户。

2021年，全村有居民109户297人，土地面积1073.08亩，其中耕地389亩。

蒋甲村　位于九里自然村西南1.5公里处香草河畔，东濒香草河，南邻旧县村，西靠岗村，北毗塔路头村。历史上，该村地处通济河、香草河圩区，是宜农宜渔之地，但陆路交通比较闭塞，水路唯香草河可达九里、丹阳等地。北宋末年，宜兴有一支蒋姓族人迁居于此，故名蒋甲村。明清时期，该村建有蒋

韦甲村

贺甲村

塔路头村

左上：景家渡村　　左下：蒋甲村　　右上：岗村村　　右下：赤石岸村

氏宗祠，3开间3进，因年久失修，于1965年拆除，原址建成村校校舍。

2021年，全村有99户291人，土地面积1309.92亩，其中耕地569亩。

岗村村　位于九里自然村西南约2公里处，东邻蒋甲村，南靠旧县村，西濒通济河与丹徒区宝堰镇隔河相望，北隔广慈塘与张庄村遥遥相对。相传古时有一潘姓渔翁在此休憩，梦见神人启示该处风水好，遂定居于此。村域交通闭塞，唯通济河可行木船。20世纪90年代，旧县通九里水泥大道建成后，岗村与蒋甲也协力浇筑连接旧县的混凝土大道。

2021年，全村有140户436人，土地面积1302.48亩，其中耕地521亩。

赤石岸村　古称官岸，位于九里自然村东南1公里香草河东岸，东、南毗邻常州市金坛区，西隔香草河与旧县村相望，北隔香草河与九里村为邻。元明时期，村域地势低洼，村民在村周围筑高约2米的圩埂。圩埂东、南分别与金坛西村、丹徒大秋村相连（后划入金坛），因而赤石岸有“一脚踏三县”的说法。20世纪50年代初期，该村建有文娱队，经常被外村邀请演出，赤峰篮球队享誉地方。

2021年，全村有居民79户253人，土地面积728.12亩，其中耕地400亩。

自然环境

地质地貌

九里地处宁镇丘陵山前冲积扇边缘与太湖洮滆平原交接地带，为上元古界震旦系至新生界第四系沉积物覆盖。村域多为平地，属丹阳西南部水网圩田平原（仅张庄村西部有些岗坡），地势“一马平川”。水域主要有香草河、通济河等河流和广慈塘、蒋庄岸等池塘。平均海拔4米左右。

气候特点

域内属北亚热带季风气候，受季风影响明显，雨量丰沛，光照充足，但年际不均，季风强弱以及冷暖气流来临的早晚造成的气候差异较大。年均气温15℃，雨日123天，日照时数约2289小时。无霜期较长，霜期最少33天（1968年），最长81天（1985年），最早10月19日（1955年），最迟11月26日（1963年和1965年），年平均霜期57.8天。全年四季分明，一般春季72天左右、夏季96天左右、秋季60天左右、冬季137天左右。年均降水量1000毫米左右，降水量900毫米年份约占80%。最大年降水量1618毫米（1956年），最少年降水量505毫米（1978年）。全年降水有两个高峰期，一是六七月梅雨季，二是八九月台风暴雨，最高日降水量280毫米（2003年7月5日）。

自然资源

水资源　九里水资源相当丰富，主要有地表水、地下水两类。地表水有地表径流与可利用过境水。地表径流，每年降水量在1000毫米左右；可利用过境水有香草河（域内长3.5公里）、通济河（域内长6.5公里）大量的上游来水；乡级河道朝阳河（1.5公里）、中心河（2公里）；有广慈塘、湟岸、蒋庄岸等大小水塘36个、大小河沟18条，总积水面积5642亩。地下水基本尚未开发利用。

生物资源　九里生物资源十分丰富。植物资源有粮油类、瓜果类、蔬菜类、薯菌类等，另有观赏植物和中草药。粮油类以水稻、三麦、油菜为主，其他有豆类、花生、芝

太湖水网平原

麻等；瓜果类有西瓜、南瓜、冬瓜、桃、葡萄、枇杷、草莓等10多种；蔬菜类有叶菜、根菜、果实等40余种；薯菌类有山芋、芋艿、平菇、蘑菇等十余种。观赏类有梅、兰、竹、菊、月季、玫瑰、松等30余种；中草药类有枸杞、野菊花、益母草、青蒿、菖蒲等40余种。

动物资源有脊椎类、节肢类、软体类和环节类等。脊椎类动物可分为哺乳类、鸟类、爬行类、鱼类、两栖类等5种。哺乳类动物有家畜牛、猪、羊、猫、犬外，其他有鼬、蝙蝠等；家禽有鸡、鸭、鹅等；鸟类有鸽、鹧鸪、喜鹊等20余种；爬行类动物有蛇、龟、鳖等10余种，但数量很少；鱼类有青、草、鲢、鳙、鳜、鲫、鳊、鳝、鳅、鲦、黄颡（俗称昂公）等10余种，主要是人工养殖；两栖类有青蛙、牛蛙、蟾蜍。节肢类动物，除人工饲养的蜂、蚕外，还有蝶、蝉等10余种。甲壳类有虾、蟹、蜈蚣（百脚）和蓑衣虫等10余种。软体类动物有蚌、螺、蜗牛、蜒蚰等10余种。环节类动物有蚯蚓、蛭等6种。

人口土地

人口总量

20世纪50年代初，域内总人口不足3000人。20世纪60年代后，人口增长较快。70年代实施计划生育，人口增长放缓。2021年底，全村有居民1729户，5086人。

人口构成

性别构成　2021年，全村5086人，其中，有男性2469人，占48.5%；女性2617人，占51.5%。

年龄构成　2021年，全村5086人，8岁以下儿童150人，占2.9%；8—16岁的有168人，占3.3%；17—59岁的有2889人，占56.8%；60—79岁的有1628人，占32%；80岁以上的有251人，占5%。

文化构成　2021年，全村大专及大专以上文化程度的有595人，占11.7%；高中文化程度的有1153人，占22.7%；初中文化程度的有3077人，占60.5%；小学文化程度及以下的有261人，占5.1%。

姓氏构成　2021年，全村共有姓氏180余个，200人以上的姓氏有潘、郦、陈、邓、韦、张，占总人数41.4%。其中，潘为第一大姓，有516人。

职业构成　2021年，全村从业人员有2110人，其中从事第一产业的有247人，从事二、三产业的有1863人。

土地面积

2021年，全村总面积11.4平方公里（合17100亩），其中耕地7109亩、水域5642亩、其他4349亩。人均耕地1.4亩，比1949年减少了1亩多。2012年起，复垦废地、老宅基地和荒地，划定基本农田保护区1000余亩。

经济发展

综合实力

20世纪80年代前，域内以农业经济为主。改革开放后，坚持以经济建设为中心，大批剩余劳动力转移到工商、建筑、运输及服务行业，全村有数十家工商企业，经营项目涉及五金、百货、农资、洗浴、榨油、餐饮、建筑等，其中建筑行业发展较快。进入21世纪，通过盘活存量资产，流转土地资源，增强集体经济实力。

2021年，村集体经济收入153万元，可支配收入153万元，村级固定资产6765.39万元，地区生产总值1.15亿元。其中，第一产业0.64亿元，占55.65%；第二产业0.36亿元，占31.31%；第三产业0.15亿元，占13.04%。

农业种植

九里地区水资源丰富，土地肥沃，适宜水稻及其他经济作物生产。粮油作物有粳稻、糯稻、小麦、元麦、油菜、黄豆、玉米、山芋、花生等，尤以盛产优质香糯而驰名。改革开放前，农产品多为自给自足，极少走向市场。改革开放后，尤其是1983年实行家庭联产承包责任制后，农民生产积极性空前高涨，粮油产量大幅度提升。随着农业产业结构调整的不断深入，传统农业逐步被现代农业所取代。2021年，全村有种粮专业户34户，共承包全村耕地5292.8亩，占全村总耕地面积的74.5%。

经济作物

域内有花卉苗木基地近千亩、蔬菜大棚45亩，猕猴桃、黄桃、草莓、葡萄种植园105亩。2021年，九里粮油种植面积5434亩，粮食总产6250吨，油料总产30吨，水稻、三麦、油菜亩产分别达650公斤、550公斤和180公斤。

传统养殖

九里的传统养殖业主要是家畜家禽养

成片的现代化农田

传统水产养殖

特别的古村，
迷人的风采

殖和水产养殖。20世纪60年代前，几乎家家养猪羊、养鸡鸭，队队养耕牛。70年代，九里的养兔业兴起，全村年养兔10000余只，当时的九里、旧县大队被评为“丹阳县养兔高产大队”，旧县大队被评为“江苏省养兔先进单位”。70年代起，蚕桑业成为生产队的主要副业。90年代中期，丝绸市场疲软，蚕茧价格暴跌，农户开始毁桑种粮。2004年以后，域内基本无桑。

水产养殖是九里农业特色经济之一。20世纪50年代，建有（蒋庄湖）行宫渔场和广慈塘渔场，县政府从九里调拨鲜鱼最多的时候一年近10吨。60年代开始，九里开始挂蚌育珠，70年代进入鼎盛期。80年代始，珍珠价格猛跌，河蚌养殖逐渐淡出历史。2021年，全村有各类特色种养户120多户，其中水产养殖专业户37户，承包水面4000余亩，年产鲜鱼1800余吨、鲜虾40余吨。

商贸服务

明清时，九里是丹阳西部地区知名街镇，也是香草河沿岸唯一的集镇，又是沪杭、苏锡常等地香客到茅山、季子庙朝拜的重要目的地。丹阳、丹徒、金坛、句容四县货物在此集散，人气兴旺，商贸繁荣。至抗战前夕，九里有南北杂货、饮食、铁木竹作坊、粮行、鱼行、银楼等60余家。1958年，延陵供销社在九里设供销点，设有百货、糕饼房、生产资料和生活资料等门市部。嗣后，粮管所、食品站、信用合作社也相继落户九里。20世纪70年代后，商贸企业逐渐向行宫集镇搬迁。2000年，九里村东丁延路两边建成商业一条街，开办有百货、电信、车行、修理铺、饮食、茶肆、肉铺等店铺60余家，早市有蔬菜、副食品摊位100余个。

工业与建筑业

九里传统手工业有瓦工、木工、石工、香烛工等。明清时期，由于季子庙敬香者众多，香烛销量大，九里香烛作坊形成规模，成为丹阳境域内香烛的主产地之一。在瓦工、木工、石工等手工业中，又以石工最为突出，产品有石磨、石臼、石碑、石碾等。1956年，九里成立五匠组和铁木竹作坊。1958年，在五匠组和作坊基础上组建九里农具厂，后又创建五金厂、轧花厂和缝纫厂。20世纪70年代，九里大队兴办服装厂、五金厂、胶木厂、制盒厂和塑料厂。改革开放后，九里创办日化厂、云母片厂、漆包线厂、地毯厂、毛纺厂、夹筋袋厂和5家五金厂。2021年，全村有企业21家。

建筑业也是九里的特色产业之一。改革开放后，九里、旧县、蒋庄、张庄、贺甲等自然村均办起建筑站，组建建筑施工队。1990年前后，九里有建筑施工队15个。此后，随着农村楼房建筑需求逐渐饱和，建筑施工队基本分化解散。

村民生活

收入支出

村民收入　中华人民共和国成立后，人民政府积极领导农民发展生产。经过土地改革，农业合作化运动，大力开展农田水利工程建设，粮食产量不断提高，村民生活逐步改善。改革开放后，农村经济日趋繁荣，村民经济收入显著提高，生活步入小康。1976年，九里村民年人均纯收入60元，1985年达到人均400元，2000年达到人均2996元。2021年达到人均38400元，是1976年的640倍。

村民支出　20世纪80年代，随着经济的发展，消费支出大幅提高，村民饮食消费只占经济收入35%左右，其他多用于住房改造、子女教育、医疗保健等。进入21世纪后，村民消费支出总量和结构有显著变化，经济收入主要用于改善居住条件，提高生活品质等多方面，并逐步实现小康。2021年，人均生活消费支出14000元，人均住房面积60平方米。

水陆交通

古时，九里陆路有延陵通茅山的姜巴路，水路有通往丹徒宝堰和太湖的通济河、通往丹阳县城直抵京杭运河的香草河，水陆交通便利。民国时期，宝堰、张家桥、九里有客货两用木帆船通丹阳，每天往返1次。1965年后，木帆船为轮机船所替代。1976年，丁（庄）延（陵）公路通车，每30分钟就有县城班车到达，每天还有直达南京、常州的班车。20世纪90年代，自行车在九里基本普及。进入21世纪，电动自行车成为村民主要出行工具，轿车也开始进入寻常百姓家。2010年，丹阳市客运中心开通镇村公交车，每天有10个班次通往延陵、司徒、珥陵等集镇。各自然村内道路也全部改造成水泥路，极大地方便村民出行。2021年，全村有轿车793辆，摩托车、电瓶车2957辆。

文教卫生

文化教育　清末民国时期，九里地区有私塾8所。1946年，创办第一所现代小学丹阳县九里中心国民学校，另有村办国民学校7所。1957年，九里中心小学改为九里完全小学。1961年，开办贺甲农业中学。1970年，改办为贺甲初级中学，该校由九里、旧县、五星、圩桥、圩庄5个大队合办。1985年，九里行政村出让土地28亩兴建校舍，将贺甲初级中学从贺甲村迁至九里村。1990年后，旧县、张庄完小和贺甲、蒋庄、岗村、蒋甲初小相继并入行宫中心小学。贺甲初中于1998年并入行宫中学。九里完小于2005年并入行宫中心小学。九里村民尊师重教，中华人民共和国成立后，九里人才辈出。至2021年，全村共有大学专科毕业生273人，大学本科毕业生312人，硕士研究生3人，博士研究生5人，博士后2人。

医疗卫生　旧时，天花、霍乱、伤寒等疾病流行，时常造成瘟疫。1935年夏，九里、景家渡、蒋庄等村霍乱流行，仅九里一个村就死亡36人。中华人民共和国成立后，人民政府非常重视医疗卫生事业。1951年6月，九里联合诊所成立，有中医2人、西医1人。1958年，延陵公社在九里设保健站，免费为村民看病。1969年，九里域内共有赤脚医生6人。2001年，实行新型农村合作医疗制度，村民参保率99%以上。2005年，旧县、五星保健站并入九里保健站，成立九里社区卫生服务中心，有医务人员3人，备有病床、药柜等医疗设备。血吸虫病、天花、霍乱等疾病基本被消灭，妇幼保健工作进入规范化、科学化管理程序，孕妇和新生儿建档立卡，接受科学管理和各种预防接种，妇女病得到普查普治，60岁以上老人每年都进行体检。人均寿命由1949年前的35岁上升到2021年的73.4岁，新生儿死亡率降低为零。

社会保障

养老保险　开始于2009年，当年域内参加农保142人。至2021年，全村参加养老保险4848人，其中农保3579人、职工养老保险1269人。

农村居民最低生活保障　开始于2007年，至2021年，域内享有低保居民21户33人，低保标准每人每月790元，低保金由市、镇按7∶3比例承担。

残疾人安置　起初是由生产队给予残疾人适当照顾。20世纪80年代以后，由社会福利厂给予残疾人适当补贴。2010年后，由残疾人联合会按伤残鉴定级别按月发放生活补贴。

新型农村合作医疗制度　2014年开始实施，农民按年度参保，报销比例为40%。至2021年，全村参加新农合的有4127人，参保率81.14%。当年，全村有276人次报销金额153万元。

“五保户”供养　1956年开始，村“五保户”供养一直由生产队负责，民政部门给予适当补贴。1986年，行宫敬老院建成后，“五保”老人一部分进敬老院，一部分居家养老，居家“五保老人”供养标准为每人每年517元，由镇村两级负担。嗣后逐年提高，1995年为1653元，2004年为1786元，2016年为9500元，2021年为11556元，行宫敬老院供养标准每人每年12840元。

军人优抚　2016年始，政府对抗战老兵每人每年补贴2158元，赴朝志愿军每人每年补贴520—660元，服役义务兵每人每年补助18750元。

村级组织

中共组织

九里早在1938年就成立中共党组织。1956年，九里地区先后成立马山门、旧县、解放高级农业生产合作社党支部，1957年分别改名九里、旧县、五星高级农业生产合作社党支部。1958年9月成立人民公社后，高级农业生产合作社改称为大队，党支部分别改建为生产大队党支部。

1961年，成立贺甲大队党支部，当年九里地区大队党支部增至4个。1983年，农村体制改革，改生产大队为行政村，生产大队党支部改为行政村党支部，九里村域行政村党支部仍为4个。1996年，成立塔路头行政村党支部，九里村域行政村党支部增至5个。2001年，贺甲、塔路头、张庄党支部合并为五星村党支部，九里村域设九里、旧县、五星3个党支部。

2010年6月，九里、旧县、五星行政村合并为九里村，并成立中共丹阳市延陵镇九里村委员会。2021年，九里村党委下辖九里、贺甲、张庄、旧县第一、旧县第二5个党支部，有党员189人，郦友良任书记，贡献平任副书记。

村民委员会

1949年5月，丹阳境域内县、区、乡政府建立，九里地区设有九里（含姜甲庄）、赤石岸、蒋庄、贺甲、岗村、蒋甲（含胡甲）、旧县、景家渡、韦甲、张庄、塔路头11个行政村，各行政村设村长1人。1950年3月，各行政村成立农民协会（简称农会），设农会会长1人。1953—1956年，九里地区成立岗村、蒋甲、旧县、贺甲、马山门5个初级农业生产合作社。1957年，九里、旧县、五星成立高级农业生产合作社，翌年改建为生产大队，下设生产队。至1961年，九里地区下设生产大队为由九里、蒋庄、赤石岸、姜甲庄组建的九里生产大队，由旧县、岗村、蒋甲、胡甲组建的旧县大队，由张庄、韦甲、贺甲、塔路头、景家渡组建的五星大队。当年，分设贺甲大队。1983年10月，改生产大队为行政村，以行政村成立村民委员会，下设村民小组。九里地区所设行政村有九里、旧县、五星、贺甲4个。1996年，又析置塔路头行政村。2010年6月，村组调整，九里、旧县、五星三村合并为九里村，同时设九里村民委员会。2021年，九里村民委员会下设村民小组70个，郦友良任主任，贡献平、毛玉芬任副主任。

新村一角

2 乡村建设

改革开放以来，九里村在延陵镇党委和政府领导下，先后编制《九里村建设规划》《贺甲村美丽宜居乡村建设规划》，拟定《九里历史文化名村保护建设规定》。以九里、贺甲为切入点，开展村庄基础设施建设、九里新村建设、季子庙景区与贺甲红色旅游景区建设、贺甲美丽宜居乡村建设，实施九里老街巷修复工程。至2021年，九里成为丹阳西南部乡村建设中一道亮丽的风景线。

斑驳的九里老街石板路

基础设施

道路桥梁

道路　20世纪60年代，丹阳县政府拨款修筑长2500米、宽3米的九（里）张（庄）大道。1978年，砂石路面的丁延路建成通车。20世纪90年代，旧县村首开集资修路先河，修筑长约6里的九（里）旧（县）混凝土大道。2004年，实施“村村通”工程，九里所有机耕路都实现硬质化，而且村与村之间都修筑混凝土路。2011年，丹茅公路建成。2013年，丁延路加宽至7米，并改建成沥青路面，其中九里至延陵段加宽为12米。2021年，全村道路总长21.7公里，陆路交通十分便捷。

桥梁　九里域内有历史记载的桥梁共4座。分别是跨季河的季河桥，跨香草河的九里桥、蒋庄桥，跨通济河的景家渡桥。除季河桥为石拱桥，其他均为木结构桥。1975年前后，蒋庄桥、景家渡桥先后改建为钢筋混凝土农用桥。2012年，九里桥拓成宽8米的双曲拱钢筋混凝土桥。2021年，全村共有桥梁4座。

农田水利

九里境域属丹阳西南低洼片区，地势平且低，河沟密布。1949年前，河道淤塞，排水不畅，每遇雨季，上游洪水直泻而下，域内一片汪洋。1950年起，开始整治旧河沟，开挖新沟渠，兴建机电灌排站，并结合平整土地，填塞废沟塘、格田成方。1964年、1969年、1991年3次疏浚通济河；1957年、1963年、1972年3次疏浚香草河。又于2005年、2012年两次实施香草河整治工程和配套建设。

通济河、香草河经过整治，九里地区解除上游来水行洪之困，消除下雨即涝之苦。在对河道进行整治的同时，九里实施排涝体系建设，先后建成景家渡、张庄、旧县东、旧县西、朝阳、十字沟等电力排灌站，受益总面积1.31万亩（含周边地区）；先后建成旧县西、旧县东、张庄、九里东、九里西、贺甲、岗村、姜甲庄、九里河滩、胡甲、张庄西等电力灌溉站，受益总面积9671亩（含周边地区）。在灌排站建设期间，各村进行渠系配套建设，先后建成干渠15条（总长6670

纵横交错的水塘沟渠

米），支渠36条（总长14300米），涵洞14座，旱涝保收面积6675亩。

供水

新中国成立前，村民饮用水主要是沟塘里的“天落水”，也有少数水井供村民饮用。20世纪60年代，政府号召村民饮用井水。各村开凿公共水井2—3口，许多村民家中也开凿灶边井。

1997年，行宫自来水厂建成，九里村人民饮用上纯净自来水，自来水通达率100%。2008年，延陵镇实施自来水改造工程，镇自来水管线与丹阳市自来水公司供水管线对接，九里村民的饮用水全部由丹阳市自来水公司直供，饮用水无论是水质还是供应量都有了可靠保障。2021年，全村用水量6万立方米。

供电

20世纪30年代，九里村村民照明大都用灯盏。40年代后，多数村民用上煤油灯，经济条件好点的村民使用美孚灯，大户人家办喜事或是村上开大会、唱戏等都用汽灯。1959年3—4月，丹阳供电和水利部门沿香草河架设13.2千伏高压线至行宫的云头地、谭巷和大吕，以建设电灌站。借助此条线路，九里各村开始接通民用电线路，家家都装上电灯，结束油灯照明历史。由于电力供应量有限，经常断电、停电。21世纪初，电力工业取得长足发展，村民再也不受断电之苦，并且保证冰箱、洗衣机、空调、热水器等用电较多的家用电器正常使用。2021年，九里村主要供电设备有变压器15台，年用电量35.6万千瓦时，其中居民用电量27.3万千瓦时。

广播电视

1958年9月，延陵人民公社成立后，各大队都安上磁石电话，公社设总机，九里地区各生产大队办公室利用磁石电话线路安装广播喇叭。铁丝为电话线，毛竹竿、杂树棍为电话线杆。20世纪60年代，广播和电话线路分设，公社成立广播站，添置扩音设备，逐步给各农户安装广播喇叭，各生产大队办起广播放大站。中央人民广播电台的节目可直通社员家中。70年代，有线广播进一步普及。80年代，黑白电视机开始进入寻常百姓家，有线广播逐渐退出历史舞台。进入21世纪，彩电逐渐替代黑白电视机，各乡镇设立有线电视转播站，有线数字电视逐渐替代模拟电视。2021年，九里村有线电视入户率80%以上，有16%以上农户使用网络电视。

住房建设

九里村传统民居

传统民宅

20世纪60年代前，九里地区民宅多为明清风格建筑。

房屋大多为东西朝向，青砖黛瓦，以幢成排，一般前进为一层，后进为二层，普通人家只有一进单层加阁楼。两端高墙封堵，前开门洞，安装大门。内各室分布有序，过道（弄堂）走廊沟通，前后左右相连。房屋前部格扇窗横排，装有图案窗棂，下面木板封实，以挡雨水。底层方块青砖铺地，四周为墙，墙体“外熟里生”，外用板砖竖砌，内以土堆垒。后檐墙每间留1个宽约15厘米、高约40厘米窗洞，以与前窗对流通风。楼下山墙不留窗洞，楼上留1个边长约25厘米六边形窗洞通气。檐下墙边屋角阴沟互通，至村头外泄雨（污）水。

九里传统民宅，远观古朴壮观，内看井然玲珑，为江南民宅典型。

新型社区九里新村

新居建设

20世纪70年代，人口剧增，许多农户以混凝土制品替代木材为梁、柱、楞，楼板混凝土预制，建造新房。80—90年代，经济发展迅速，农民致富，拆条式通间楼房，新建套间式楼房，钢筋混凝土构造柱加腰箍，架2层或3层楼板。外墙以马赛克、瓷砖、水泥花石装饰。

进入21世纪，村委会统一规划新房建设。新建楼房基础、楼体和屋面采用钢筋混凝土整体浇筑。内外以花岗石、瓷砖、涂料、墙布、原木等材料装潢。庭院以假山、花木点缀，俨然是园林缩影。2021年，全村有砖混和全混结构楼房1380间、平房210间，有约60%村民进城购买商品房。

九里新村

2007年，配合季子庙景区建设，九里村委会于香草河东岸建造九里新村。工程占地245亩，建筑总面积7.1万平方米，有房435套。2008年开工建设，2011年竣工。

新村建筑系徽派格调，粉墙黛瓦，自然朴实、恬静优雅。内铺草坪5万平方米，其间绿树掩映，绿化率50%。内建宣德广场、社区服务中心和诚信馆。宣德广场是九里好人好事和星级文明户集中展示区。社区服务中心设卫生室、娱乐室、青少年校外辅导站、图书室、电脑室和老人休息室。诚信馆里展示季札、子臧等古人的高风亮节，陈设农耕时代器械（龙骨水车、手推独轮车、纺纱车、土布织机等），展示农耕文明。新村沿丁延路建商贸用房100套，发展第三产业。

环境卫生

厕所改造

中华人民共和国成立后，政府组织开展爱国卫生和“除四害”运动，九里域内环境卫生明显改变，流行性疾病得到有效控制。但到20世纪末，农村脏乱差的现象依然存在，露天粪坑随处可见。2013年起，九里村开展“厕所革命”，逐步普及抽水马桶。至2021年，全村共投资400余万元，完成改厕1689户，建有水冲式公厕26座，其中高标准公厕12座，设立无障碍通道，配备专人长效管理。

污水处理

九里村因地制宜建设小型污水处理设施，接入城镇污水管网，集中处理污水排放，农户生活污水得到有效治理，排放尾水

季子庙星级厕所

达到相应标准。至2021年，全村有12处污水处理设施，通过埋设排污网管，集中处理1729户农户生活污水，覆盖率100%。建立村庄生活污水处理设施运行维护长效机制，定期巡检，保证全部正常运行，有效改善当地水污染状况，实现农村居住环境卫生整洁、生态和谐。

污水处理管网

垃圾处理

2008年，丹阳市政府在全市范围内开展农村垃圾整治行动，展开"清洁家园""清洁田园""清洁生产"工作。九里村全民动员，清运垃圾、清除卫生死角、清理污水沟塘，实现农村生活垃圾减量化、资源化和无害化处理。至2021年，全村共建垃圾分类收集站2座、垃圾箱49个，配备保洁员12人、清运员4人，做到垃圾日产日清，无暴露垃圾和积存垃圾，垃圾定点存放清运率100%。路边水旁栽花、植树、种草，绿化率近50%，村庄环境为之一新。

村庄整治

村景变风景
田园变乐园

河塘治理

2013年后，九里村开展生态河道建设、特色田园乡村建设、人居环境整治等行动，整治清理黑臭水沟。落实“河长制”，村党委书记担任河道长“第一责任人”，各片区片长为片区负责人，各联组组长为专职管护员。定期对沿堤岸线巡查记录，发现问题及时整改，纳入年度总考核，确保各联组水塘及二级沟河面四周整洁、河水清澈。至2021年，共净化水塘36口、水沟18条、水渠9条，清理沟塘淤泥2万余立方米。村内水域无黑臭水体，水面无垃圾漂浮物。

美丽乡村建设

围绕建设美丽村庄，九里村改善生产生活环境，实施“环境整治”。20世纪末，以清理露天茅厕为重点，开展全村环境污染整治，村容村貌明显改观。进入21世纪，推进垃圾分类处理，改善生活环境，成功创成丹阳市卫生村。2004年，开展以“清除垃圾、清除污染;美化环境、美化家园”为主题的“双清双美”活动。2006年，全面启动以“六清六建”（清理垃圾，建立垃圾管理制度；清理粪便，建立人畜粪便管理制度；清

河塘密布的九里村

理秸秆，建立秸秆综合利用制度；清理河道，建立水面管理制度；清理工业污染源，建立稳定达标制度；清理乱搭乱建，建立村庄容貌管理制度）为主要内容的村庄环境综合整治工作。实施高效农业规模化工程、村庄绿化清洁工程、农民健康工程、教育培训工程、文化建设工程、富民惠民工程、和谐村庄创建工程，社会主义新农村建设，实现“布局优化、道路硬化、村庄绿化、路灯亮化、环境洁化、塘坝净化”目标，成为丹阳市新农村建设的先进典型。

干净整洁的现代化村庄

宜居家园建设

九里村科学化、规范化推进生态宜居乡村示范点建设，成立农村住房改善工作领导小组，建立农村住房改善工作机制，至2021年，拆除危房84间，修建老旧农房43间，危房改造取得良好效果，农村住房条件大为改善，为乡村生态环境建设添砖加瓦。2015年，九里村被评为镇江市美丽宜居村；2018年，被评为江苏省生态文明建设示范村、江苏最美乡村；2020年，被评为江苏省特色田园乡村。

3 季札故里

春秋时期，今丹阳南部广大地区属于古延陵范围，是吴王寿梦第四子季札采邑。季札三让王位、躬耕延陵，相传死后也葬于此地，被后世称为“延陵季子”。《史记·吴太伯世家》载：“季札封于延陵，故号曰延陵季子。”

季札是春秋时期智者、德者、贤者，是孔子敬佩的老师，他悲悯苍生的情怀、民贵君轻的思想、诚信立身的理念，在2500多年历史进程中不断充实发展，形成独特的延陵季子文化。季札可称得上是中国儒学先驱，江南人文始祖。

九里村作为季札的核心封地、传说中的墓葬之所、江南唯一从古至今崇祀季札专祠所在，凝聚了浓郁的延陵季子文化氛围。同时，九里季子庙衍生出系列文化现象，丰富江南文脉，为丹阳的人文历史铺垫了厚重的底蕴。

延陵季子

诚信故事
【季札挂剑】

至德第一人

两千多年来，季札为历朝历代统治者和朝野士绅所推崇，称他为“至德第一人”。季札最知名的当属三让王位之举。

吴王寿梦有四个儿子，季札排行末。寿梦知道季札贤能，一心想把王位传给他，季札的三个哥哥也都同意，但季札却一直推辞。于是寿梦临终留下遗言，让儿子们兄终弟及、依次继承王位，这样，王位早晚就能落到季札头上。寿梦这个想法，季札的几个兄长心里也都有数。当寿梦长子诸樊临终时，遵照父命传位于季札，季札仍然坚持不受。为了避嫌，季札三让王位，举家迁至延陵隐居，成为人们心中的至德第一人。

诚信典范

季札不仅是一位品德高尚的贤士，也是出色的政治家、外交家和文艺评论家。吴王余祭四年（前544），余祭派季札出使中原列国。季札欣赏中原礼乐，仔细品味，逐一评说，成为中国最早有文字记载的文艺评论。

他出访途中的一个小插曲，留下“徐墓挂剑”千古诚信美谈。

季札出使途经徐国。徐国国君被季札的佩剑所吸引，欲言又止。季札从徐君眼神中看出他的心思，但因佩剑代表着国家荣誉，自己尚有外交任务在身，心里便决定，待出使列国回来后把宝剑赠给徐君。谁知，当季札完成外交任务回程经过徐国时，徐君已经去世。季札便来到徐君墓前，解下佩剑挂在墓前树上。他的随从很惊讶，人都已经过世，你将剑悬在这里又有什么用呢？但季札真诚地说：“我当时内心已经作出承诺，出使回来要把宝剑赠送给他，怎能因他过世而背弃为人应有的信义？”季札将诚信最高的境界心诺诠释得淋漓尽致，成为人们世代传颂的诚信典范。李白有《陈情赠友人》诗曰：“延陵有宝剑，价重千黄金。观风历上国，暗许故人深。归来挂坟松，万古知其心。”

九里奉祀

九里季子庙，又名嘉贤大帝庙、九里庙，它的前身是季子祠。

吴王夫差十二年（前484），季札去世，葬在九里。其后裔在季札墓左侧建坐西朝东的季子祠以司祭奠。秦汉两代，九里季子祠几经扩建、修葺，初具规模。东晋孝武帝时，晋陵郡守殷仲堪率地方官员、乡绅百姓大修季子庙，并立碑题赞。南朝梁天监十二年（513）九月，延陵令王僧恕在季子墓及季子庙外增道添景，使得季子庙恢宏一时。唐垂拱四年（688），江南巡抚使狄仁杰毁吴楚淫祠1700余座，而九里季子庙不废，与夏禹、泰伯、伍员之庙屹然并峙。唐开元年间（713—741），季子庙前十字碑因风化而碑文残缺，唐玄宗下令重新摹拓其本勒石。唐大历十四年（779），季子庙大修，朝向由坐西朝东改为坐北朝南，延陵令卢国迁建碑亭保护“十字碑”。南宋建炎四年（1130），继续修建，于南宋绍兴元年（1131）完工。季子庙经唐宋两次重大改造和修建，其宏大规模在江南庙宇中声名远播。清乾隆四十七年（1782），乾隆帝又命除四月十三（季子生日）祭祀外，又增加八月十八一祭。每当春秋香讯之际，季子庙游客云集，香火鼎盛。

历代兴修

宋元祐三年（1088）九月，地方大旱，灾情严重。润州太守杨杰到季子庙求雨。旬日内大雨滂沱，旱情顿解。杨杰奏报朝廷，哲宗即颁旨敕封季札为嘉贤大帝，季子庙遂称嘉贤庙。南宋宁宗皇帝又加赐季子为昭德侯。元至正五年（1345），在季子庙前河道上建季河木桥。明正统十年（1445），重建正殿，挖墙基现棺木，遂“见棺而止”。明景泰二年（1451），延陵昌国寺僧众募集资金，改季河木桥为石拱桥。明万历十三年（1585），建上山门、下山门，造廊房64间。清顺治十三年（1656），修建正殿，整修、新建廊房共90余间。清乾隆四十七年（1782），下逮斋房、

道法自然
至德重光
嘉賢大帝

季子庙大殿

道院之属无不修治。

清代中期，季子庙整体布局为坐北朝南，从南至北依次为头（上）山门、二（下）山门（含戏楼）、碑亭、香炉宝鼎、献殿、正殿、夫子阁和后排的兴让堂、让王楼、乡约所、斋房以及分列东西两边庙墙的廊房，占地1.8万平方米，屋宇99间半，建筑面积3000平方米。正殿中央矗立10米高季札塑像，两旁各有两名侍奉官，杨、李二将为守殿将军；廊房内供奉着海龙王、雷公电母、送子娘娘、地藏王及道家各路神仙雕像；大殿外西南角丹墀中有一奇石——“消水石”（水流上去很快就干）；甲子殿里有一块无字石牌，俗称阴阳碑。诗词石刻众多，分布各殿、阁内。

太平天国时期，太平军拟焚毁季子庙，后了解季子美德，又将已堆集的柴薪撤掉，季子庙幸免于难。1939年，为防日军占庙为据点，新四军令军民拆尽廊房，取出有用之物，忍痛焚烧季子庙。

1999年，九里村委会决定恢复重建季子庙。2000年12月，季子庙重建一期工程竣工，并举行开光大典。2001年4月，戏楼竣工。2002年3月，东西两廊及王灵官殿竣工；11月，甲子殿竣工。2005年9月，季子庙重建二期工程竣工，钟楼、鼓楼、慈航殿皆配套建成。一个全新的季子庙展现在世人面前。

江苏省级文保单位——孔子手书季子墓碑

延陵季子墓碑

延陵季子墓碑，又称十字碑、十字孔碑，坐落在九里季子庙的正殿前。据传，碑文系孔子亲笔所书。季札死后，消息传到鲁国，孔子久慕季子贤名，特派学生子游将亲笔所篆“呜呼有吴君子”书简送往吴国凭吊。唐开元年间（713—741），该碑因年代久远，风化开裂，铭文残破，唐玄宗下令重新摹拓，增加“延陵”“之墓”4个字，形成“呜呼有吴延陵君子之墓”10个字。唐大历十四年（779），新刻“十字碑”，立于原碑旁，延陵县令卢国迁建亭保护，惜此碑在宋嘉定之后散佚。

1980年，九里村民将延陵季子墓碑扶正归位。1982年，季子墓碑被列为江苏省级文物保护单位。1984年，丹阳县文化局拨款建亭保护。21世纪初，重建季子庙时，碑亭重新改造，焕然一新。现碑圆首，高2.34米，宽1.06米，厚0.22米；碑座长1.57米，宽0.5米，高0.42米。

江苏省级文保单位——季河桥

季河桥

季河桥，又名奈何桥，位于季子庙正门前方香草河故道上，原是元代建的一座木桥，明时昌国寺僧人募资将其改建成单孔石拱桥。桥体为青白石石质，纵联分节并列式砌造，南北向，高5.18米，长22.3米，宽5.5米。桥拱两侧龙门石上各刻有“季河桥”3个字。龙门石两边各嵌有两个似龙非龙的避水石兽，为龙生九子之一的蚣蝮。古人拜谒季子庙，必经季河桥，到了桥边，文官下轿，武官下马，徒步走向季子庙。当地民间流传过民谣：奈何桥来奈何桥，八尺宽来八丈高。有福之人走过桥，无福之人跌下桥。

季河桥结构坚固，造型美观，历经数百年，桥身毫无损坏，1991年被列为丹阳市级文物保护单位，2007年被列为镇江市级文物保护单位，2011年升格为江苏省级文物保护单位。

九里沸井

九里沸井位于季子庙东南约60米处，早在东晋时期，就有关于沸井记载。南朝宋昇明二年（478）冬，季子庙庙祝忽闻沸井北有金石之声，甚为奇怪，遂凿深3尺，得1沸井，奔涌若浪。后又闻其东铮铮有声，掘之又得1井，涌浪亦然。井中出1木简，长1尺，宽2寸，上有阴刻文字："庐山道人张陵再拜，谒诣起居。"木简中提到的"庐山道人张陵"，就是生于东汉初年的道教创始人张道陵。南齐建元四年（482），延陵县令戴景度向朝廷奏报季子庙沸井，齐高帝萧道成认为是祥瑞之兆，大加宣扬，一时季子庙及沸井名声大振，达官贵人、文人墨客前来拜谒瞻仰者络绎不绝。

历史上，季子庙究竟有几口沸井众说纷纭，文献记载因年代不同，其数量也不尽相同。《南齐书》称："季子庙旧有沸井两所。"梁延陵令王僧恕云："四井地穴，百沸天涌。"南朝《舆地志》载："庙前有沸井四所，庙后有沸井二所。"宋欧阳至《九里沸井》诗序文："泉在季子祠东南百余步，古井数十，如鼎沸焉"。元至顺《镇江志》载："今见有四井，腾涌鼎沸，二清二浊。"凡此种种，说法不一。民国时期，由于战火连绵，沸井逐渐湮废，仅存沸井塘内数处泉眼。2001年，季子庙景区大规模修整。当沸井塘里水抽干后，现6口泉眼，相距尺许，占地约15平方米。遂掘浚修缮，复置井栏，千年古沸井又以"三清三浊"的奇观再现于世。

2003年，九里沸井被列为镇江市级文物保护单位。

天下奇观九里沸井

三县捐修季子庙功德碑

季子庙无字碑

三县捐修季子庙功德碑

该功德碑是清道光八年（1828）季子庙大修时，为丹阳、金坛、丹徒3县捐款者而立。原砌在季子庙头山门墙里。21世纪初重建季子庙，移至头山门大堂为照壁。该碑高2米，宽2.1米。碑上刻有修建季子庙捐款者姓名和金额。

2007年，功德碑被列为丹阳市级文物保护单位。

无字碑

无字碑，又名阴阳碑，位于季子庙甲子殿院内阴阳殿中。碑身青里透白，碑面光滑如镜，无一字。抗战时，季子庙被烧毁以后，九里人将此碑沉入水潭。1999年，重修季子庙，村民抽干水潭，从淤泥中捞出此牌，移入庙内。碑高2.6米、宽1.22米、厚0.3米，底座长1.52米、宽0.6米、高0.45米。

2007年，无字碑被列为丹阳市级文物保护单位。

旧县古城遗址

旧县古城遗址位于九里旧县自然村，覆盖于民居之下。据考，东汉时期旧县村是丹阳（时名曲阿）县城所在，今旧县村域西北部仍有地势较高的夯土城址。古城三面环水，东北侧香草河、西北侧通济河于古城前方汇聚，如双臂拥抱。古城东侧原有城隍庙，每年正月十八举行盛大祭祀仪式，还有叠罗汉、舞龙灯、荡湖船等表演。浩浩荡荡行会队伍直向九里季子庙朝拜。旧县古城北300米处有一处建筑遗址，原建筑已不见踪影，但3块长约4米、宽约0.6米条石建造的门楼屹然挺立。门额右两字能清晰辨认出“曲阿”。门楼两边条石上镌有楹联，上联“春暖鱼龙变化”，下联“秋高鸿鹄飞鹏”。根据内容再结合《丹阳县志》记载，初步判断遗址是始建于明代正德年间的曲阿书院。1959年，为保通济河堤，时旧县大队拆除门楼，将条石运至河堤造涵洞。

季子庙历代石刻

季子庙历经2000多年沧桑，屡废屡兴，留下诸多碑铭石刻，大部分已经湮灭无存。有幸存留的一少部分，或是零散遗弃在沟塘荒野，或是被作为建筑材料镶嵌在民房之中，现今季子庙内仍存有50余块石碑。其中，两块高约90厘米、宽约50厘米、顶呈弧形的“八字碑”，碑身分别刻“登览之胜”“遥碧远明”，乃唐代诗人张从申于九里

季子庙残存古代覆莲纹石礤

登让王楼、赏万顷洋所作诗句。有两块宽43厘米、高35厘米的宋朝皇帝敕赐季札为嘉贤大帝和昭德侯的圣旨碑，阳雕花纹图案，弥足珍贵。另有部分残碑镶嵌于庙墙之中。

庙宇第一进院落内约80多平方米地面，用30厘米见方的青石板铺就，斑驳苍古，折射出久远的历史风韵。

九里老街

秦汉以来，季札的德望和季子庙的名声催生九里商业经济。虽然多数村民以农为本，但随着季子庙的香火兴盛，经商者与日俱增，九里逐渐形成以季子庙为中心而建成的东、西、南、北十字街格局。清末，九里东街长约90米，西街长约100米，南街长约120米，北街长约60米，街面是一式前店后宅的明清建筑。至丹阳解放前夕，九里尚有杂货铺（南货及香烛）13家、豆腐坊3家、小客栈3家、大小饭店及糕饼小吃店8家、茶馆8家、中药铺3家、粮行2家、木竹器店4家、皮草行1家、青果行1家、染坊1家、鱼行2家、银楼2家、理发店4家、浴室1家、生面店2家、车匠店1家。

21世纪初，季子庙重建后，九里老街按照景区规划全方位改造，重建长约200米东西向老街。

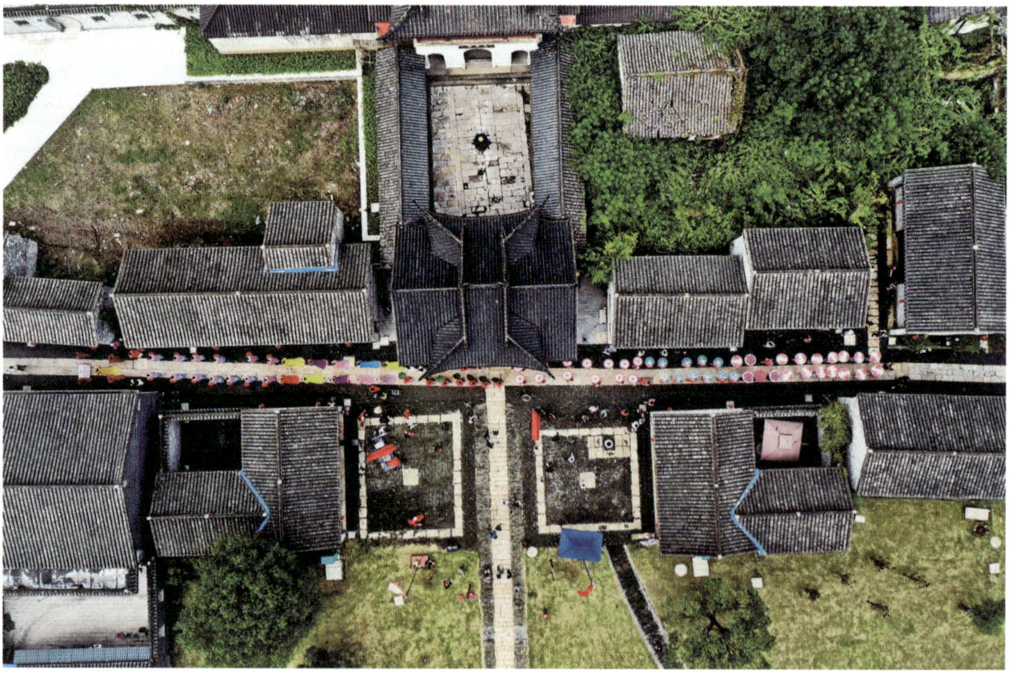

丁字形格局的九里老街

古树名木

百年古桑　位于季子庙大塘西南岸、九里沸井南侧，树高约14米，冠幅约8米，树龄200余年。该树有两条主干，从根部向南、北方向叉开，枝干盘虬似卧龙，具有独特的造型美感。此树生长情况良好，枝叶繁茂，每年5—6月间都有桑葚挂满枝头。

旧县百年银杏　位于旧县村中大塘边，胸径0.8米左右，树高近25米，相传此树有500年树龄，高大挺拔，枝叶繁茂。

季子庙银杏　位于道法自然大殿西北侧，树高约15米，胸径近0.5米，树冠5米，有近200年树龄。

九里村百年古桑

季子庙百年银杏树

旧县村百年银杏树

4 文旅九里

九里村是季札故里、吴氏祖地，是吴文化发祥地之一，文化底蕴深厚，留存许多文物古迹。季子庙恢复重建后，建成国家AAA级景区。九里村先后获得中国传统村落、全国文明村、全国农业旅游示范点、江苏省历史文化名村、江苏省星级乡村旅游区、江苏省特色旅游名村、江苏省最具魅力休闲乡村等称号。

抗战时期，九里是新四军茅山抗日根据地的中心区，是陈毅主持创建的抗日民主政权和减租减息示范区，也是新四军和九里民众与日伪斗争的红色革命区。有红色景点贺甲战斗烈士墓、贺甲战斗纪念馆。20世纪90年代起，九里村开始建设乡村旅游区，建设生态农场，规划田园观光景点。2020年，季子庙文化景区、红色革命文化景区、田园观光文化景区基本建成。

旅游规划

总体规划

《九里景区总体规划》于2013年编制完成。规划景区范围东至庄湖湿地，东南至九里新村和赤石岸，南至通济河，西至圩庄大湖，北至罗甲村，总面积6.31平方公里。规划贯彻“严格保护、统一管理、合理开发、永续利用”发展方针，保护九里景区生态环境及文化资源，突出展现九里景区井、庙、水、田等特色，策应镇江打造“山水花园城市”目标和丹阳市建设华东旅游线上重要旅游目的地发展战略，调整用地结构，提升功能，合理布局，将其建成集文化体验、生态宜居、养生度假等功能于一体的九里文化旅游综合体。

空间布局

景区以延茅路为轴心，建设文化体验区、田园生态区、主题居住区、滨湖游览区、红色旅游区和九里新村六个区块。

文化体验区　规划面积50.98公顷，以季子庙、九里老村为核心，打造中华百井园、井文化核心体验区、季子文化体验区和诚信教育基地等景观。

田园生态区　规划面积174.46公顷，以香草河西、丹茅路以南乡村田园区块，建设乡村风情度假、稻香田园观光和农业休闲体育等项目。

主题居住区　规划面积168.08公顷，分九里老村至香草河西地块和圩庄大湖北区域，采用高新技术建设乐活家园，形成完整生态居住系统。

滨湖游览区　规划面积206.05公顷，环圩庄大湖区域，打造湖畔景观和以休闲、美食、购物为主导的生态功能区。

红色旅游区　规划面积15公顷，以贺甲战斗旧址和烈士陵园为主体，打造红色旅游景观。

九里新村区　规划面积31.1公顷，打造美丽宜居乡村。

发展战略

主要是打造五大产业。一是以休闲旅游产业为主导。以规划区内自然生态、历史人物为基本资源，不断提升区域休闲旅游业的知名度和影响力。二是以文化产业为内涵。弘扬地域文化，承载综合休闲度假功能，结合现代文化休闲需求，深入挖掘文化内涵并有所创新，推动丹阳文化产业发展。三是以精品观光农业为基底。通过与休闲旅游融合，发展精品观光农业，提升其经济附加值，实现绿色经济循环发展、可持续发展。四是以康体养生产业为延伸。通过产品链的延伸和旅游产品的创新，完善景区的旅游吸引体系，形成具有竞争力的康体养生旅游产品。五是以生态住宅为支撑。向着未来新能源、新材料的发展趋势，大力发展新能源智能社区、节能环保型生态住宅等。

发展目标

分总体目标和镇域目标两块。总体目标是成为国家AAAA级旅游景区、华东旅游线上的文化型特色休闲度假目的地、苏南地区旅游新亮点、丹阳市重要的文化生态旅游品牌。镇域目标为丹阳旅游的形象工程和城市增长极、产业结构调整的新引擎、传统文化与革命教育的示范基地、红色绿色同步发展的综合性旅游目的地。

旅游资源

季子庙文化景区

位于九里季子庙为中心的周边地域，占地6220平方米，建筑面积1570平方米。主要景点有庙宇本体内陈碑和庙外景点。

庙宇本体内陈碑　庙宇本体及庙内十字碑、碑亭、功德碑、八字碑、无字碑及其他石刻碑铭等。

庙外景点　庙外广场上有季札铜像，庙正前方100米处有明代季河桥，庙东南60米处有六口沸井，沸井以东有转珠湖和湖岛中的慈航殿，庙四周有九里老街等。

红色文化景区

位于九里贺甲自然村，距季子庙文化景区2公里。景区以抗日战争时期贺甲战斗遗迹为主体，展示新四军与侵华日军英勇斗争的光辉事迹。

景区主要有两个景点：贺甲战斗纪

雪中九里

江苏省级文保单位——贺甲战斗遗址

贺甲烈士陵园

念馆和贺甲烈士陵园。

贺甲战斗纪念馆　位于贺甲村西南角，原为贺氏宗祠，3开间3进，现存2进，建筑面积约210平方米。1939年11月8日，延陵大捷（即贺甲战斗）就发生在这里。当时，上海进步报纸以《伟大的胜利在江南》为题报道这次战斗。

贺甲烈士陵园　位于贺甲村东南约300米处的低坡上，占地2330平方米，坐北朝南，安葬在贺甲战斗中英勇牺牲的76位烈士的忠骨。1965年，贺甲村民贺有根等联名写信给陈毅元帅希望建贺甲战斗烈士墓，得到批准。1966年春，丹阳县人民政府把原来分散的烈士遗骨集中埋葬于此，建3个圆形土墩墓，立纪念碑，正面刻有“革命烈士永垂不朽”8个大字，背面刻有介绍贺甲战斗的碑文，上建碑亭。

特色田园观光景区

九里地处江南水乡，有一望无际的田野，有交织如网的河沟，有星罗棋布的湖塘，有千亩以上的水乡湿地，还有香草河十里风光带。春日莺歌燕舞，万紫千红；夏日白鹭点点，树木葱茏；秋日人欢鱼跃，金穗遍野；冬日晴光照碧，寒梅映雪。主要景点有九苑生态休闲观光农业园、季子庙北大门生态农业园、樱花园、桃园、桂花园、梅花园等观光休闲场所。

粉黛花海迎客来

青绿山水裹粉黛

旅游服务

管理机构

旅游发展中心　延陵镇党委和政府于2012年成立旅游发展中心，下设旅游办公室和旅游发展公司，旅游办公室有工作人员3人。

景区旅游发展公司　建筑占地4296平方米，下设景区北大门和东街入口处两个旅游服务中心，有导游3人、工作人员5人。服务中心设有咨询中心、票务中心、旅游产品宣传展示中心、旅游投诉中心、休闲服务中心、医务中心、警务中心、购物中心等。

旅游线路

季子庙文化景区游线路

季子庙→季河桥→沸井→慈航殿→九里新村

红色文化景区游线路

贺甲战斗纪念馆→五星广场→村中公园→贺甲烈士陵园→贺甲战斗纪念馆

规划旅游线路

美食休闲游线路

季河桥→湿地公园→水月庄→九里井巷→水云天休闲水坊

景区北大门入口→创意田园→湖光雅舍→季子庙→休闲水街→水墨佳庭→水乡湿地

文化体验游线路

景区北大门入口→季子书院→吴风音乐馆→九里井巷→水韵华庭→季河桥→沸井→季子庙→中华百井园→吴氏宗祠→文化公园→北门出口

红色文化游线路

新四军纪念馆→贺甲战斗纪念公园→创意田园→季子庙→沸井→季河桥

名人采风游线路

季河桥→沸井→季子庙→吴氏宗祠→季子草堂→休闲水街

水路游线路

入口服务中心→圩庄湖→文化公园→吴风音乐馆→季子书院→九里井巷→季子庙→沸井→圩庄湖→湿地公园→稻香井庐

香草河→圩庄大湖→蒋庄岸→季子庙→沸井→九里井巷→井博物馆→文化公园→入口服务中心

红色旅游需求旺盛

中外旅客参观沸井

季子文化旅游节

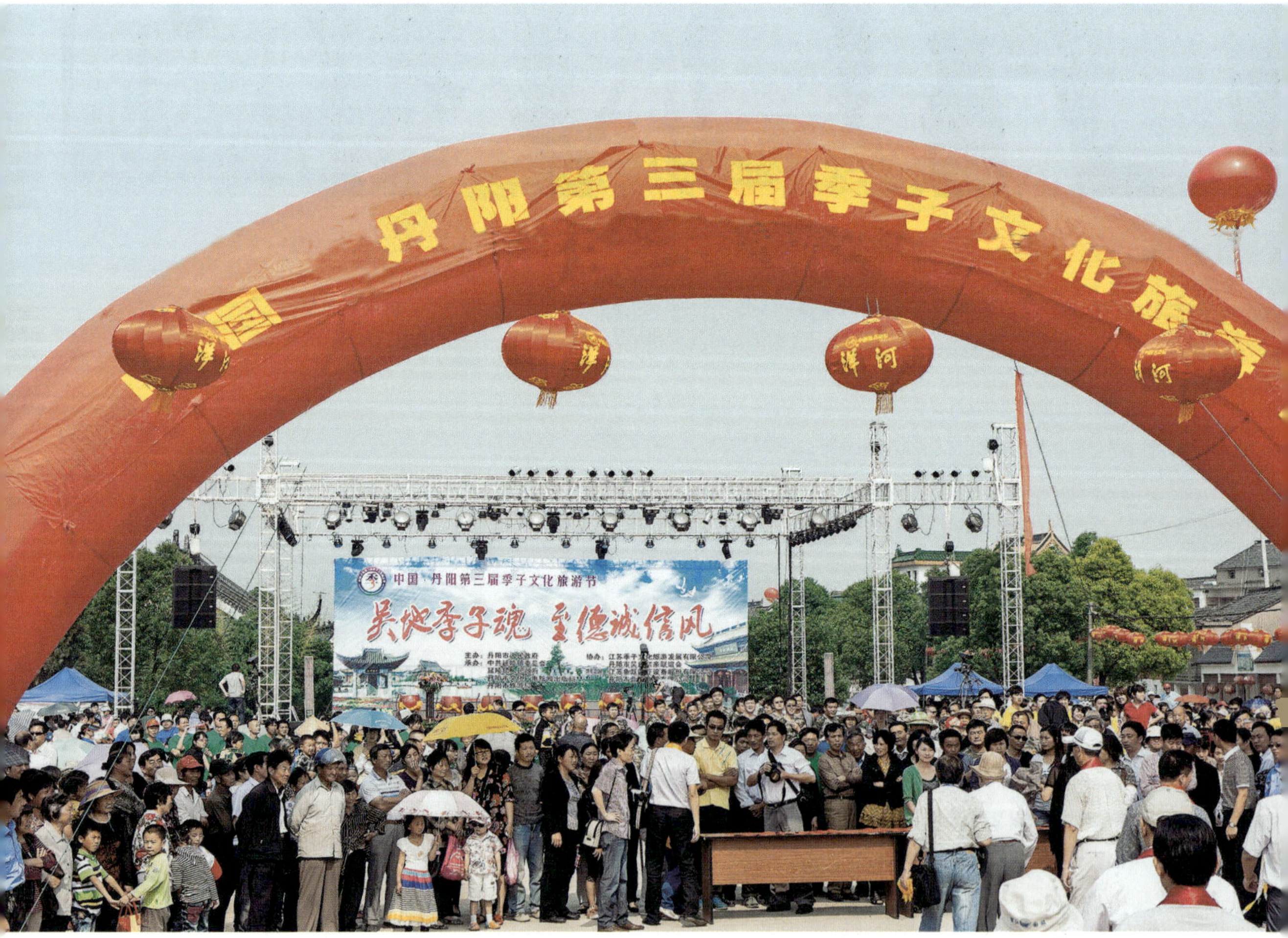

2012年6月2日，第三届季子文化旅游节开幕现场

延陵镇政府弘扬吴文化，推动古吴文化研究，2006年起，连续举办多届“中国·丹阳季子文化旅游节”。

第一届季子文化旅游节于2006年3月28日在九里景区开幕。3月31日在茅山风景区举办季子庙风景区推介会。4月18日，旅游节组委会在行宫彩云宾馆举办“沸井奇观”研讨会。

第二届季子文化旅游节暨“诚信日”活动于2008年5月17日在九里景区举行。延陵镇政府宣布每年农历四月十三日（季札生日）为延陵“诚信日”，同时举行“诚信宣誓”和诚信延陵万人签名活动。

第三届季子文化旅游节于2012年6月2日举行，延陵镇文体中心广场分会场举办“季子文化展”，举行延陵镇文化进村启动仪式和专场文艺演出。百名季子后人、吴氏宗亲代表在季子庙举行隆重的祭祖仪式。

此后，延陵镇每年举行季子文化旅游节。2021年4月30日，“2021季子文化旅游节暨首届风筝艺术节”开幕式在九里景区正式举行，丹阳市副市长贺云华、市委宣传部副部长丁方晓、市文体广电和旅游局局长瞿煜国、延陵镇党委书记陈文俊参加仪式。

新时代

5 精神文明

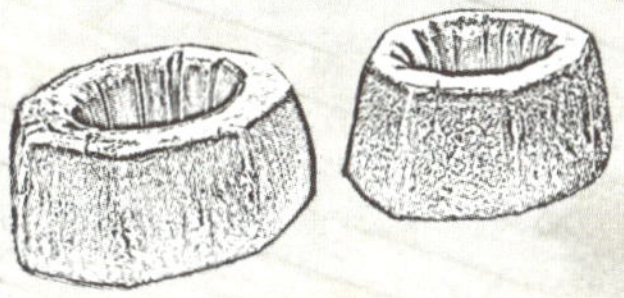

两千多年来，在九里村季札高风流芳，积淀厚重的文化底蕴，弥漫着浓郁的文明乡风。改革开放后，九里村精神文明建设取得丰硕成果。九里村党委和村委会开展社会公德、职业道德、家庭美德、个人品德和爱国主义、革命传统教育，探索精神文明创建新路，深化创建内涵，开展文明户、“五好家庭”、孝子孝女孝媳妇和好公婆评选活动。广大村民自觉从我做起，遵守社会公德、恪守职业道德、弘扬家庭美德，改变陈规陋习，形成文明新风。党的十八大以后，九里人贯彻落实习近平总书记弘扬中华优秀传统文化的要求，努力培育和践行社会主义核心价值观，村民的素质和道德水平得到较快提升。2017年，九里村成功创建成全国文明村。

科技兴农

进入21世纪，九里村党委以“科技兴农”引领，扬长避短、因地制宜，利用土地、水体等资源，改变传统单一的粮油种植结构，推广稻鸭共作，种植有机稻米2000多亩。成立专业合作社，种植蔬果作物、花卉苗木。初步形成现代高效特色农业，带动农民增收致富。

定期开展科技培训、科普讲座。聘请镇

机械化收割

江市农科院、丹阳市和镇农科部门专家，深入村组现场指导，帮助农民拓宽视野，提高科技致富技能。注重科技扶贫，组织党员干部、科技示范户与贫困农户“一对一”结对帮扶，开展“三送”（送致富信息、送科技资料、送种植经营诀窍）活动，让贫困农户得到实实在在帮助，实现科技脱贫。

探索符合本村经济发展的新路子，通过盘活集体资产、流转土地资源、加强集体资产管理，培植新的经济增长点，壮大集体经济实力，促进富民强村。

2021年，全村有各类特色种养户120余户。

文化惠民

九里村推进公共文化服务，构建符合农民特点的公共文化服务体系。以繁荣农村文化、传承优秀传统文化为主线，实施“文化惠民”工程，共建美好家园。深入挖掘季子文化底蕴，建好季子文化展示馆和文化广场，承办季子文化旅游节，村民受到“季子文化”“吴文化”熏陶，还感受到“九里季子庙会”等传统民俗文化的艺术魅力，季子文化在保护传承中发扬光大。2008年起，不断加大资金投入力度，强化文化阵地建设。通过政府主导、城乡共建，先后建立九里、张庄、贺甲等文化广场以及培训中心、文体活动中心、农家书屋、电子阅览室。村民学习有课堂、活动有场所、娱乐有去处。实施文化信息资源共享工程、数字电视“村村通”和网络全覆盖等农村文化服务系列工程，村民享受和城市市民一样的文化生活。建立健全文化人才队伍，开展丰富多彩的文体娱乐活动。建立文体指导员、电子阅览室和农家书屋管理员专业队伍，组织业余文化人才参加市文体广旅局的专业培训，加快培养村文化人才、乡村文化能人。每年组织农民篮球赛、广场舞大赛、业余戏曲大赛、地方文艺汇演，推动群众文体活动蓬勃开展，丰富村民精神文化生活。

道德讲堂

进入21世纪，实施《公民道德建设实施纲要》，九里村成立“道德讲堂”建设领导小组，坚持“六个一”（形成一套规范有序、运作便捷的管理机制，编印一批主题鲜明、故事真切的读物讲义，建立一支认真负责、素质过硬的宣讲队伍，选树一批来自群众、事迹感人的先进人物，营造一种神圣清正、融洽热烈的环境氛围，打造一批特点突

2019年1月，中央电视台《我们的中国梦——文化进万家》文艺演出走进九里

2018年“吴风楚韵·聚秀九里”文艺汇演

出、成效明显的示范讲堂）标准，开设“道德讲堂”，聘请专家学者举行专题讲座，邀请道德模范、好婆婆、孝媳妇等先进人物现身说“德”，开展社会主义核心价值观宣传教育，推动“知行合一”道德实践，营造“崇德尚善”氛围，提高村民思想道德素质，“讲道德，做好人”，形成“好人好报”的社会共识，培育文明乡风和新型公民。

办好党员干部冬训班，带领党员干部学习习近平新时代中国特色社会主义思想，不忘初心，牢记使命，“明大德、守公德、严私德”，养成勇于担当的高尚品质，将全心全意为人民服务的根本宗旨落到实处。

志愿服务

2012年起，九里村每年制订志愿服务计划，开展志愿者服务。2021年，全村登记注册志愿者200多人。

志愿者注重未成年人教育，成立“关爱留守儿童”领导小组，推进校外辅导站建设，建立关爱留守儿童的“蒲公英之家”，民警志愿者以“大手拉小手，警心暖童心”关爱留守儿童。建立留守儿童档案，帮助留守儿童健康成长。每月一次深入走访，及时了解、解决他们生活、学习、心理困惑。

围绕精神文明创建，志愿者选择“法制宣传”“家风传承”“安全监督”“环境保洁”等岗位开展活动，年均开展服务50余次。

平安九里

九里村弘扬至德文化，坚持依法治村、以德治村，创建“平安九里”。2000年，成立民主法制领导小组，开展普法教育宣传，建立法制宣传教育队伍，设立法制学校、法制广场、法律辅导站、法律图书角、法制宣传栏，宣传法律法规，普及法律知识。2004年，推进民主制度建设，健全村“两委”民主议事制、重大事务公决制、财务审查公示制，完善健全党员代表议事会、村民代表议事会，组建理财小组和监督小组，实行党务公开、村务公开、财务公开和重大事项公开。

2006年，加强社会治安综合治理，成立综合治理队伍。采用群众喜闻乐见的方式宣传党和国家的方针政策，及时发现和化解矛盾纠纷，维护农村稳定。加强宣传教育，实行殡葬改革，全面整治散坟乱坟，做到集中、有序、生态安葬。

2010年，九里村被丹阳市政府评为“丹阳市平安社区”。2021年，获“全国乡村治理示范村”称号。

文明创建

道德评议

九里村村民长期以来重门风、讲声誉，形成良好乡风民风。村党委以“社会公德、职业道德、家庭美德、个人品德”为基础内容开展道德评议，持续实施文明习惯养成教育。2010年起，全村推选威望高、办事公、心肠热、人品好的人员组成道德评议会。围绕礼貌现象、家庭生活、个人品行等热点话题开展评议，形成“好人好事反复议、陈规陋习大家议、家庭矛盾关门议、民事纠纷当面议”的道德评议机制，引导村民将心比心，换位思考，明辨是非。2014年起，开展“好公婆”“好媳妇”“好妯娌”“好邻居”评选，使文明和谐道德风尚融入家家户户。组织村民参与评选“劳动模范”“道德模范”“我推荐、我评议身边好人”活动，以设立光荣榜、先锋谱、道德墙、善行义举榜，定期公布先进典型事迹，用身边人身边事教育身边的人，大家学有榜样、赶有目标，营造出崇尚楷模、学习先进的良好氛围。

“五好文明家庭”评选

1998年，九里村将评选“五好文明家庭”活动纳入精神文明建设总体规划，开展“五好文明家庭”评选活动，“五好文明家庭”标准“爱国守法，热心公益；学习进步，爱岗敬业；男女平等，尊老爱幼；移风易俗，少生优育；夫妻和睦，邻里团结”。制订评选计划，完善评选条件、程序与细则。村委会按照自评申报、群众评议、组织审议、张榜公示等程序开展评选活动。

2007年后，“五好文明家庭”评选制度化、规范化、经常化，成为全村精神文明建设的常规工作。至2021年底，全村有200余户先后获村级“五好文明家庭”称号，52户获镇级“五好文明家庭”称号。

“十星级”文明户评选

2012年起，九里村开展“十星级”文明户评选活动。十星是“五爱星、致富星、法纪星、婚育星、科技星、和谐星、卫生星、文教星、新风星、公德星”，后升级为“爱国爱家星、清洁卫生星、明礼重教星、诚实守信星、团结助人星、敬老爱幼星、重德守法星、热心公益星、科技兴业星、创业致富星”。

通过评选，产生一批融时代特征和地方特色的先进家庭典型，村党委宣传先进典型事迹。至2021年底，九里村共评选出“十星级”文明户72户。

村规民约

2001年，九里村、旧县村和五星村分别制订村规民约和自治章程，引导村民按章自治，规范行为。

2010年，九里村、旧县村和五星村合并为九里村。村、组成立乡风文明理事会、道德评议会（简称“两会”）。村“两委”领导深入调查，召开座谈会，广泛征求意见，了解村民最关心、与群众利益最密切、矛盾最突出的问题，开展全村范围内讨论，整理村民意见和建议，召开村民代表大会，修订完善“村规民约”，提交村党委会会议通过后公布实施，形成村民自治责任机制和约束机制。村干部、党员和“两会”成员参与引导、监督实施。

针对具体问题，实时组成专项小组督查实施。面对讲排场、比阔气等不良习俗，乡风文明理事会引导村民找问题、改陋习，树典型、学先进，促进喜事新办、丧事简办，移风易俗新风形成。针对农村乱搭乱建、乱堆乱放现象。环境卫生监督小组跟进督查，曝光结果，促进村民讲卫生爱整洁的习惯养成。针对邻里矛盾、家庭纠纷等问题，民事调解小组调解处理，做到大事不出村、小事不出组。

全村人人遵守公民道德、个个养成文明素质。

附：九里村村规民约

村容整洁　文明和谐　讲究卫生　革除陋习
河塘沟边　禁倒垃圾　垃圾入箱　举手之劳
整治污水　改水改厕　家禽圈养　减少污染
柴草杂物　堆放整齐　房前屋后　整洁干净
河道沟塘　整治疏浚　蓝天碧水　清新怡人
公共绿化　定期修剪　爱护花草　美化环境
古树名木　加倍保护　净化空气　延年益寿

健身广场　爱护设施　新建住房　拆除旧宅
服从规划　不搭违建　破败房屋　及时拆除
名居故屋　修旧如旧　环境整治　人人有责
晚婚晚育　计划生育　男女平等　优生优育
尊老爱幼　互帮互助　邻里团结　家庭和睦
遵守公德　文明礼貌　崇尚科学　破除迷信
优美环境　你我共建　绿色家园　美好乡村

九里村宣德广场

党的十八大召开后，九里村大力开展社会主义核心价值观学习和宣传，积极开展优良家风、家训宣传，进行“十佳文明户”“五好家庭户”、孝子、孝女、孝媳评选活动，组织开展党员带头的邻里守望志愿服务。制订、完善村规民约，使村民养成优良的价值取向和道德观念。建成“美德文化展示区”“正德文化涵育区”“行德文化体验区”“尚德文化观光区”和“乡风明德文化墙”。

美德文化展示区

位于九里新村北大门大道两旁。两侧设公示栏20余个，新村山墙镶嵌10多幅乡风民俗壁画。广场内美德文化画廊展示好人好事和全国先进模范事迹。

正德文化涵育区

位于九里新村北大门内西侧九里社区服务中心内，设有卫生室、娱乐室、图书阅览室、校外辅导站、电脑室、空巢老人休息室。让村民获得社会关心，培育关爱他人的情怀。

行德文化体验区

位于社区服务中心，内设诚信馆，展陈季札、孔子、子臧等古今人物诚实守信及礼貌谦让的事迹，体验区展示农耕文化实物，有龙骨水车、手推独轮小车、纺纱车、土布织机（俗称绞机）等。

尚德文化观光区

即季子庙风景区，包含季子庙、沸井和九里古村落等自然风貌，集中展现季子文化遗存。

乡风明德文化墙

九里村建有“乡风明德文化墙”，村主入口、村内道路和活动广场周边的民房墙体上绘制色彩鲜艳、生动活泼地反映优秀家训家风和乡间民俗文化的图画。既反映九里民间传统文化，又体现社会主义核心价值观；既普及法律法规知识，又弘扬以“孝、诚、勤、和、礼”为主题的传统美德；既有“古贤”“今贤”的嘉言懿行，也有地方特色、民族传统的村史村情、村庄文化、村庄精神，让人们在德的氛围中感化、在潜移默化中提升。

表 1

2006—2021 年九里村获市以上荣誉一览表

获奖时间	荣誉名称	颁发单位
2006 年 12 月	江苏省历史文化名村	江苏省人民政府
2007 年 4 月	全国农业旅游示范点	国家旅游局
2011 年	2009—2011 年度镇江市文明村	镇江市委、镇江市人民政府
2012 年	2010—2012 年度江苏省文明村	江苏省精神文明建设指导委员会
2011 年 4 月	镇江市卫生村	镇江市爱国卫生运动委员会
2012 年 2 月	江苏省民主法治示范村	江苏省依法治省领导小组
2012 年 8 月	江苏最具魅力休闲乡村	江苏省农业委员会
2013 年 8 月	中国传统村落	住房和城乡建设部、文化部、财政部
2015 年 1 月	美丽宜居乡村	镇江市人民政府
2016 年 2 月	2015 年度法治型、服务型五星先进党支部	镇江市委党建工作领导小组
2016 年 9 月	江苏省文明村	江苏省精神文明建设指导委员会
2016 年 12 月	镇江市首届最美乡村	镇江市精神文明建设指导委员会
2016 年 12 月	江苏省休闲观光农业示范村	江苏省农业委员会
2016 年 12 月	全国综合减灾示范社区	国家减灾委员会、民政部
2017 年 2 月	2016 年度村庄长效管理优秀示范村	镇江市村庄环境长效管理联席会议办公室
2017 年 3 月	2016 年度法治型、服务型五星先进党支部	镇江市委党建工作领导小组
2017 年 11 月	全国文明村	中央精神文明建设指导委员会
2017 年 12 月	2017 年度法治型、服务型五星先进党支部	镇江市委党建工作领导小组

续表

获奖时间	荣誉名称	颁发单位
2017年	2015—2017年度镇江市文明村	镇江市委、镇江市人民政府
2018年1月	江苏最美乡村	江苏省文明办、江苏省农委、江苏省文化厅、江苏省旅游局、新华报业传媒集团、中共江苏省委农工办、江苏省住房和城乡建设厅、江苏省环保厅、江苏省妇联、江苏省广电总台
2018年2月	江苏省生态文明建设示范村（社区）	江苏省环境保护厅
2019年12月	江苏省文明村	江苏省精神文明建设指导委员会
2020年12月	江苏省特色田园乡村	江苏省特色田园乡村建设工作联席会议、江苏省住房和城乡建设厅
2021年9月	第二批全国乡村治理示范村	中央农村工作领导小组办公室、农业农村部、中央宣传部、民政部、司法部、国家乡村振兴局
2021年12月	江苏省美丽乡村放心消费创建示范村	江苏省放心消费创建活动办公室、江苏省市场监督管理局

天下奇觀

6 村落文化

九里历史悠久，文化底蕴深厚，在漫长的历史长河中，人民口口相传的丰富多彩的民间故事、歌谣、谚语、歇后语、格言，展现出九里人民勤劳本分、热爱生活、淳朴敦厚的善良本性，形成洋溢真善美、饱含智慧情的村落文化。九里人民既有着慎终追远的家族情愫，也有不乏包容团结的胸怀格局；既有几百上千年的世家大族，也有不断融入的外来移民，姓氏文化洋洋可观。作为中华吴氏的发源地，处处流露着吴文化的符号。充满着伦理、道德、情感的家风家训，为形成九里良好民风打下扎实的基础，无不折射出中华优秀传统文化和社会主义核心价值观的光芒，成为当今九里社会主义新农村建设和乡村振兴中不可或缺的宝贵精神财富。

民间故事

季札留痕万顷圩

古时，九里村北万顷圩，汛期汪洋一片，连绵十数里，碧波浩淼。平时则是滩涂沼泽，蛮荒一片。

据说季札隐居延陵后，经常漫步九里，时而深入民居与乡人促膝谈心，时而去万顷圩赏荷、垂钓、狩猎。九里村北一公里处是高岗，岗上住有民户。季札每每经过此地时都要驻足休憩，与村人述谈民风雅俗、老幼谦让等礼仪。久而久之，季札与岗上居民渐渐情投意合，于是对村民说：“你们这村居于岗上，又在九里北面，不如将村名改成北岗吧！”北岗村因此更名。村民为了纪念这位平易近人的王子，把岗下那个季札经常休息垂钓的湖改名为季歇湖。

北岗村北的万顷圩中，有一片农田叫大渚岸，仍留有两个因当年季札赏荷、垂钓而获得雅名的水潭。其一在岸东，谓“望迎季子潭”；另一在岸西，谓“关望季子潭”。

香草河传说

北宋元祐三年（1088），丹阳大旱。润州刺史杨杰来九里季子庙求雨，三日后果降大雨，旱情顿解。万民欢乐，认为季子庙神灵，真是有求必应。杨杰奏请皇上敕封，宋哲宗遂封吴季札为嘉贤大帝，并敕建嘉贤庙，钦定每年春秋祭祀。从此，就掀起了“上茅山，回九里”的进香热潮。尤其春秋两季，方圆百十里内的善男信女，个个都身背“朝山进香，回香得福”的香袋，到茅山和九里来烧香求神。他们有步行的、乘船的、骑马的、坐轿的，一路上成群结队，络绎不绝。更有那些从常州、苏州、杭州来的老爷、太太、公子、小姐们，纷纷乘大小船只，从香草河到茅山和九里来烧香拜神，以表心愿，南来北往，川流不息。当时茅山和九里的大庙内，日夜香火缭绕，人声鼎沸，热闹异常。

相传茅山上盛产一种二尺多长、金黄色的香草，它不仅颜色悦目喜人，尤其它那浓郁的清香，使人心旷神怡。数百年来，凡是上茅山烧香的香客，都必定带回一捆捆、一束束香草。许多人还把这种奇香扑鼻的香草，作为赠送亲友的礼物。因此千百年来，每当春秋烧香旺季，香草河两岸的田野里以及河内来往穿梭的香船旁，都日夜飘散着沁人心脾的清香。久而久之，人们就把从丹阳到九里的这段河称作香草河了。

赶得茅山，塌(丢)得九里

九里人如果提醒谁做事不要顾此失彼，就会说："不要赶得茅山，塌得九里啊！"塌，丹阳方言，就是遗漏、丢弃的意思。提起这句俗语，还有这样一个故事。

过去，苏北有个卖窝摺的商人，运了一船窝摺来到九里赶庙会，后来他听说茅山的庙会时间长又热闹，心想"茅山香客多，生意一定很好"，就要雇人用小车把窝摺推到茅山去卖。客栈老板对他说："我们九里三月初六的庙会香客都是附近农民，需要窝摺囤积粮食的农户很多，你不妨在我店中多住几日，等待九里庙会开始，何必去赶茅山呢？"

这商人认为是客栈老板有意拉他的生意，当然听不进去，就雇了十几辆小车，推着窝摺向茅山赶去。走到半路，天又下起绵绵细雨，山路泥泞，好不容易赶到茅山。

茅山香客虽多，却是苏州、杭州、常州等大城市赶来烧香的太太、小姐，当地农民不多。因此，等到三月十八茅山香会关门时，这位商人的窝摺还没有卖出去几卷。等他再赶回到九里时，九里庙会也已经结束。当他听人说，九里庙会那几天，人山人海，窝摺生意特别好时，后悔当初没听客栈老板的话，望着卖不出去的窝摺，叹了口气说："真是赶得茅山，塌得九里啊！"这句话一直流传至今。

九里仙人桥的来历

从九里季河桥南行200米，便是有名的马山门。马山门里外两侧各有一座石拱桥，内侧的叫咽喉桥(因其作用就跟咽喉一样重要而得名)，外侧的桥叫仙人桥，仙人桥桥面的一块石板上印有一双大大的脚印(凹穴)，据说这是一个仙人在此伫立良久而凹陷下去的。

相传很久以前，茅山有一位得道高人。一日，他在茅山峰顶远眺，忽见东北方向瑞雾缭绕，便想前去踏勘，准备在那建一道院。但是当他来到九里后，站在石桥上伫立良久、思量再三，觉得茅山的风水还是要胜过九里，于是又前往茅山。而他刚刚伫立过的石板上已经留下两个深深的脚印，后人便称此桥为仙人桥。

当这位得道高人赶到茅山时，茅山顶峰已有茅氏三兄弟在建造道院。当他再次回到九里后，谁知九里的老百姓又在为季札建祠。在进退两难中，他只得再回茅山，在半山腰建了道院。后来这位高人就成了茅山的半山土地神。

山歌民谣

打麦号子

领：大麦上场小麦黄嘞。
众：小麦黄，嗬——嗬——嗬嗬喽——嗬呀么嗬嗬喽。
领：小麦上场插秧忙啊。
众：插秧忙啊——嗬依唷嗬嗬喽——嗬呀么嗬嗬喽！

耘耥号子

五月里来正端阳——嘿嘿——正端阳嘞，
糯米那个粽子啊蘸洋糖咳，嘿嘿蘸洋糖，
大家就把这个粽子吃哎——嘿嘿，
手拿这个耥耙啊下田庄，啊呵嗨——嘿嘿的下田庄。

车水歌

东湖里车水西湖里响，
六月里车水救黄秧。
榉木车轴红溜溜，
连枕哥哥坐两头。
车轴搁在连枕上，
两个青石碾头做娘舅。
十四根车单穿轴过，
二十八个榔头翻跟头。
三块木板夹成一条沟，
横竖管脚排到头。
走水槽齿当中排，
大小戽桁在外头。
柚木链锭桑木笏，
秋栗枫檵拉千斤。
车轴牵拉龙头销檵过，
一百二十四张笏板槽管中走。
两脚水垫泥中坐，
六耳郎翻滚在后头。
挂起车桁像正梁，
七双手臂伏上头。
扦下竹竿搭好架，
遮起荫蓬乘风凉。
选到七个英雄汉，
车水号子震天响。
先头好像龙戏水，
后面赛过白鹭飞。
车一周来添一筹，
娣儿送饭到田头。

车水哥哥多吃口，
脚脚到底踩榔头。

耘耥歌

东北风起时阴晴，合家大小过光阴。
有道君王登龙位，文武百官勤护卫。
风调雨顺民有乐，国泰民安盛乾坤。
别家先议都停唱，听唱有请十里亭。
当朝有个美男子，眉清目秀一书生。
公子不把诗书读，要做风流浪子身。

苦十字歌

一时想想苦伤悲，
两路眼泪流汩汩。
一天三餐吃勿饱，
四季衣服靠不住。
一夜五更睏勿着，
六亲无靠借钱文。
七（妾）身作了多少孽，
八字生得顶倒顶。
九（究）竟黄连有多苦，
黄连又碰到楝树根。
更比黄连苦十分，
十（实）在无法过日生。

九里香炉多少斤

我唱山歌你听清，
你猜九里香炉多少斤？
谁人当秤谁来赶，
谁人提住秤纽绳？
我唱山歌你细听，
我猜九里香炉八百斤。
关羽当秤刘备赶，
赵子龙提住秤纽绳。
万里江山一秤砣，
长虹作杆横天河。
待到明月成钩后，
称得江山重几何？

唱麒麟（选段）

锣鼓一打喜年临，
一为贺禧二拜年，
三拜福禄四拜寿，
五子登科中状元。
锣鼓一打闹嘈嘈，
老板家瓦房要比草房高；
草房上盖的是灵芝草，
瓦房上盖的金元宝。
小锣一打响呛呛，
麒麟送子到府上；
麒麟并不常来往，
一年只到府上借回光。
锣鼓一打格排排，
老板奶奶快把你家财门开；
我隔壁送的是千年宝，
你家来送万年财。

卖梨膏糖（选段）

小小洋琴四角方，
听我把梨膏糖的好处唱一唱，
唱得好来请吃糖，
唱得不好请原谅。

老头子吃了我的梨膏糖，
寿也高来福也长；
后首不吃我的梨膏糖，
一家伙跑到媳妇房。
聋子吃了我梨膏糖，
耳朵听得清清爽；
后首不吃我的梨膏糖，
天上打雷他问谁放枪。
小姑娘吃了我的梨膏糖，
描龙绣凤件件强；
后首不吃我的梨膏糖，
抓一只鞋底扎不清爽。

拍巴掌

拍巴掌，拍到正月正，
家家门上挂红灯。
拍巴掌，拍到二月二，
金针红烧地木耳。
拍巴掌，拍到三月三，
荠菜花儿赛牡丹。
拍巴掌，拍到四月四，
大麦芒儿好挑刺。
拍巴掌，拍到五月五，
大脚粽子过端午。
拍巴掌，拍到六月六，
家家门口晒红绿。
拍巴掌，拍到七月七，
牛郎织女鹊桥见。
拍巴掌，拍到八月八，
八个小孩摞宝塔。
拍巴掌，拍到九月九，
蚊虫蛇蚤叮石臼。
拍巴掌，拍到十月十，
勿做小偷勿做贼。
拍巴掌，拍到冬月冬，
富户人家暖烘烘。
拍巴掌，拍到腊月腊，
麦麸团子供菩萨。

牵磨磨

牵磨磨，拉磨磨；
烤饼饼，送婆婆。
婆婆勿在家，躲在床底下，
呜啦呜啦摇棉花。

哄小孩曲

小板凳，笃笃登，
笃到婆婆家做外孙。
婆婆叫我吃馄饨，
舅妈坐在“灶门头”不作声；
团团撅撅屁股就动身。

乡间谚语

春冷必有雨。

二八月神鬼天。

二八月乱穿衣。

春雾雨，夏雾热，

秋雾凉风，冬雾雪。

干净冬至邋遢年，

邋遢冬至干净年。

早凉夜凉，干煞黄秧。

小暑头上一滴“漏”（下雨），耕掉黄秧种赤豆。

小暑里凉悠悠，大暑里煮煞鳅（天热田里水烫）

六月初三打个“暴”（阵雨），岗背头上（坡顶）都得稻。

东虹日头，西虹雨。

黄梅天，十八变。

日落西山一点红，不是落水就起风。

吃了端午粽，寒衣才进笼（箱柜）。

东风两头尖，南风腰里硬，西风不过酉（时），北风昼夜吼。

打架怕犟，落水（下雨）怕亮。

月在亮圈中，无雨也有风。

月晕而风，础润（房柱底下的石墩）而雨。

燕子蜻蜓低飞蛇过道，大雨就要到。

蚂蚁作堆，大雨在后头。

日晕三更雨，月晕午时风。

六月十三亮堂堂，泥鳅黄鳝钻灶膛。

重阳无雨看十三，十三无雨一冬干。

三九四九中心腊，五九头里浇白蜡（结冰快）。

夹霜阴，冻煞人。

东南阵难得发，发一发，滂（飘浮）掉碌碡淹煞鸭。

（雨天）日头现现中，屋顶烂个洞。

莳里三阵雾，戳棒打鼓问大路（讨饭）。

天上起了鲤鱼斑，地上晒稻不用翻。

早看东南，夜看西北（判断晴雨）。

日落西山胭脂红，明朝无雨也有风。

卯时雷，等不到昼。

莳里西风顿时雨。

莳里起西南（风），鲢鱼晒成干；莳里起西北（风），鲢鱼跳上屋。

冬落（雨）东风夏落西。

（太阳下山时）南耳风，北耳雨，两耳双双落大雨。

（鹁鸪）早叫阴，晚叫晴，昼心头里水淋淋。

鹁鸪叫对口，有雨在后头。

霜厚暖，雪厚寒。

春雨寒，冬雨暖。

清明断雪，谷雨断霜。

太阳出来有云彩，中午晒煞老和尚。

火烧乌云盖，大雨来得快。

麦有穿山之力，就怕烂泥封头。

人误地一时，地误人一年。

芒种到，无老少。

六月勿热，五谷勿结。

养猪不赚钱，回头看看田。

庄稼一枝花，全靠肥当家。

有收无收在于水，多收少收在于肥。

黄秧一“搭”（秧田断水，泥土板结），到老不发。

稻老要养，麦老要抢。

闰年不种十月麦。

早浇茄，晚浇菜，昼心头里浇苋菜。

清明前后，种瓜种豆。

寸麦不怕尺雨，尺麦就怕寸雨。

六月里盖条被（bi土音），有稻没得米。

梅里芝麻，莳里豆；处暑萝卜，白露菜。

立过夏，镰刀划。

稻上场，麦进仓，黄豆挑在肩头上。

人怕老来穷，稻怕秋后干。

清明杨柳晒得枯，一斗小麦半升麸。

惊蛰闻雷米如泥。

秋前干草，秋后干稻。

人走家，稻放花。

麦秀（抽穗）风波，稻秀温和。

断得犁索塌得莳。

好种出好苗，好苗长好稻，黄秧出稗草。

种田人不识天，晓夜不得眠。

春打“六九”头，家家不用愁。

春打“五九”尾，家家苦嗖嗖。

做到老，学到老，东南风，要收稻。

延续千年芳华
秉承先祖精神

九里季子庙会

九里季子庙会亦称嘉贤庙会，是江南地区最古老的庙会之一。《九里庙志》载，季子庙设乡约所，专司庙卜奉祈事宜，管辖区涉4县365村。庙会以吴季札诞辰日农历四月十三为主要庙集。庙会来临之际，八方乡民扶老携幼，日夜兼程，纷纷涌入九里季子庙祭祀。每年正月十五，季子庙亦主办灯会祭仪。正月初八起，由各自然村分别组织锣鼓队，每天早晚在全镇巡回敲打，意在“保平安”。十四上半夜要敲七遍，下半夜敲八遍。

江苏省级非物质文化遗产项目——季子庙会

凡新婚人家在门口设香案，备酒菜、点心，迎接锣鼓队来“道喜”。民国时，季子庙增加农历三月初六为庙会，沿袭至今。九里庙会的祭祀正规隆重，表现民众和官员尊崇道德的心理。庙会范围广、规模大，堪称江南庙会之最。

2009年6月，九里季子庙会入选第一批江苏省级非物质文化遗产保护扩展项目名录。

“上茅山，回九里”

江南“上茅山，回九里”为千年习俗。茅山供奉道祖老子和三茅真君。九里季子庙供

镇江市级非遗——延陵抬阁

奉春秋名贤、至德先师吴季札。两地相隔20公里，每逢香讯或祭祀，周边方圆百里民众和苏、锡、常、沪、浙香客蜂拥而至。上了茅山，又回九里，拜得“功德圆满”。九里地处香草河畔，连接运河和太湖。新中国成立前陆路交通不便，香客取道水路上茅山进香必夜宿九里，第二天上茅山烧香之后，回宿九里。翌日拜季子神像，赏碑文石刻，观沸井奇观。久而久之，此行程成习俗——“上茅山，回九里”。

2006年12月，“上茅山，回九里”民俗入选第一批镇江市级非物质文化遗产保护名录。

延陵抬阁

延陵抬阁发端于南宋时期，是一种融戏曲、音乐、舞蹈为一体的传统民间文艺项目，多在庙会、迎神赛会、庆典等喜庆场合表演。它是以4—6米的木板制成长方形的底座，底座上置红漆台子，台子上端装有镂花栏杆，下端搁板上描龙绣凤，台中以木杆为支架，饰以假山曲桥、亭台楼阁。表演时将七八岁儿童扮演的戏曲人物，分别绑缚架端，人凌空而立，八名壮汉肩着抬阁前进，儿童则按所扮角色作相应的表演。表演的角色有吕布与貂蝉、白娘子盗仙草、哪吒闹海、七仙女下凡、武松打虎等，表演时用民间管弦丝竹锣鼓伴奏，场面壮观。延陵抬阁经民间艺人改造创新，吸收湖北抬阁的长处，又融进了延陵特色，独树一帜。

2014年7月，延陵抬阁入选第四批镇江市级非物质文化遗产保护名录。

姓氏文化

天下吴氏出九里

吴氏源出姬姓，属黄帝轩辕氏嫡传支系，其先祖为黄帝18世孙泰伯（又称吴太伯）。商末周初，泰伯与仲雍由岐邑南奔荆蛮，后建立吴国。泰伯19世孙寿梦继位国君后，国力强盛，自称为王，并欲传位给少子季札。季札三让王位后退隐延陵，死后葬于九里，其第四子子玉在此守墓并定居。夫差失国后，吴国王室成员以国名为姓，延陵吴氏尊季札为始祖，并发展成吴氏家族中最兴旺的一支，连那些敬慕泰伯、季札的其他吴姓也融汇于这一族中，以成为延陵吴氏为荣。延陵吴氏在中国乃至东南亚国家都具影响。

在漫长的历史长河中，延陵吴氏逐渐形成具有本族特点的文化观和道德标准，涌现许多文人大家，成为中国历史上的名门望族。唐宋之际，世居延陵的季札后裔中出现一支连续6代进士及第的书香、官宦之家。南唐进士吴文启为吴氏6代进士之首；其子吴淑是宋时进士；吴淑的3个儿子安节、让夷、遵路均为进士；吴遵路次子瑛进士及第，为吴氏第四代进士；吴瑛之子中起为第五代进士；中起之子交如为绍兴年间吴氏第六代进士。1400余年的沧桑变迁，延陵吴氏不断外迁，留在本地的却反而只有寥寥几家。

大姓简介

潘氏　丹阳潘氏始迁祖系西晋文学家、黄门侍郎潘岳之子潘金辉（时任中书令），于西晋咸宁五年（279）自河南荥阳迁居今丹阳延陵，开启延陵潘氏支派，九里潘姓应是该支分支，主要聚居在旧县、岗村、塔路头村。2021年，九里潘氏在籍人口516人。

郦氏　源出黄帝之后。据《姓源》载，夏禹主政后，封黄帝的后代于郦国，其子孙便以国为姓，形成郦氏一族。丹阳郦氏肇始于宋朝。北宋末年，殿前都领郦洪身殉国难，其子绍兴郡守郦伦带德一、德二两个儿子自浙江诸暨到丹阳追寻老父尸骸，其间因悲忧致疾，身亡于丹阳古宁寺。德一、德二兄弟俩将祖父和父亲葬于丹阳运河南边的马庄村。德一、德二为守祖墓、祭先灵，便定居在陵口镇的基庄村。从此，郦氏在丹阳繁衍生息，郦洪被尊为丹阳郦氏始祖。九里郦姓为丹阳基庄郦氏分支。旧县村郦姓最多。2021年，九里郦氏在籍人口400人。

陈氏　西晋末年，颍川人陈伯眕为避战乱，南渡迁居曲阿新丰湖畔。其后人中有一支迁浙江长兴，是为南朝陈开国皇帝陈霸先一族。陈朝灭亡后，宜都王陈叔明一支后裔辗转流离，最终定居江西德安，开创名满天下的“义门陈氏”。北宋时期，义门陈凤任润州别驾，其子陈诚迁居丹阳珥陵越塘村，成为丹阳陈氏始祖。陈诚5世孙陈东是中国首位爱国学生运动领袖。陈东7世孙陈隆生3子，长子符迁居句容仕庄、次子简迁居岸头、三子策迁居张庄，陈策即九里张庄陈氏始祖。九里陈氏现代名人有陈和胜、陈志学、陈书坤、陈龙川、陈须生、陈二才、陈建平、陈敖金。2021年，九里陈氏在籍人口382人。

邓氏　《姓氏考略》记载，殷武丁封叔父于河北，为邓侯。他的子孙便以邓为姓，乃邓氏之源。东汉时邓禹，因辅助光武帝刘秀中兴有功，列图像于云台阁，加封高密侯，居诸侯之首。西晋时，邓禹后裔邓攸，字伯道，官拜右仆射，因避战乱带着侄儿邓绥定居延陵县西北丁角镇北胡庄，成为江南邓氏始迁祖。九里邓姓传说是由金坛迪庄迁来蒋庄自然村。2021年，九里邓氏在籍人口282人。

韦氏　东汉末年，高贤之士韦著，世居京兆杜林，为躲汉桓帝之诏避居延陵，由此揭开延陵韦氏繁衍发展史。韦著之子、三国时期著名史学家、孙吴四朝重臣韦昭与他的族兄弟韦恒同为丹阳韦氏开派始祖。北宋年间，韦昭26世孙韦陡移居万顷洋畔河东村，自此延陵韦氏分成南北两支，九里韦氏与他们一脉相承。九里韦氏是丹阳韦氏主要支派，从始祖占籍延陵迄今将近1800个春秋，宗人繁衍至65代。2021年，九里韦氏在籍人口263人。

景氏　周文王授业之师鬻熊之孙熊绛封于荆，春秋时分为昭、屈、景三姓。丹阳景氏始祖为唐进士景继彰。时值隋唐战乱之际，景继彰官授常州武进令，携两子景谏、景淳赴江南武进衙署。景继彰病故后，两子迫于路途遥远，无法返归故里，便定居丹阳。

因此，景谏、景淳兄弟被尊奉为丹阳景氏始迁祖。九里景氏为景谏、景淳之后裔，现分布在九里各自然村，其中景家渡景姓最多。2021年，九里景氏在籍人口197人。

贡氏　孔子学生端木赐，字子贡，其子孙乃以祖先字号为姓，尊子贡为贡氏始祖。子贡是河南浚县人，古时称黎阳，故贡氏号黎阳世家。丹阳贡氏肇于南宋初年，始祖为贡祖文。南宋绍兴十一年（1141），抗金英雄岳飞被诬陷杀害。贡祖文为保忠良之后，救下岳飞三子岳霖，后恐事情泄露，遂辞官举家隐居丹阳南门外柳塘（今延陵柳茹）。贡氏子孙在此繁衍生息，遂为丹阳望族。九里贡氏为柳茹贡氏之分支，始迁祖为祖文公12世孙贡原懋之子贡翱。2021年，九里贡氏在籍人口187人。

蒋氏　蒋氏源出于姬姓。周公分封诸侯，将第三子伯龄封于蒋地。春秋时，蒋国为楚国所灭，其后代便以国为姓。伯龄被尊为蒋氏始祖。宋宣和年间，蒋诠为骁骑尉，为拒金军，遭奸相秦桧所忌，罢官引退。遂由宜兴退居云阳东南大华村（今丹阳市导墅镇大华村），奉母终养，开启蒋氏大华支派。此外，南朝蒋大成迁居导墅，后裔又陆续分迁延陵等地，九里蒋氏当源于导墅之分支。2021年，九里蒋氏在籍人口174人。

贺氏　春秋时期，齐桓公后裔、公孙庆克之子庆封以父名为姓，称庆氏。西汉末年，其后世子孙为避汉安帝父亲刘庆讳，把庆字改为同义“贺”字，称贺氏。丹阳贺氏始祖贺允中于北宋末年护驾南渡，迁居丹阳，后裔子孙繁衍分派。其中第四世孙贺惟善，南宋时期任晋陵令，迁居常州南门外江村，成为江村贺氏始迁祖。贺惟善第五世孙贺圣一迁居丹阳延陵俞庄（即九里贺甲村），为九里贺氏始祖。2021年，九里贺氏在籍人口170人。

宗祠

宗祠俗称祠堂，是家族祭祀祖先之处。九里最早宗祠为季子祠。明中叶后，九里各自然村建祠成风。民国时，九里地区有宗祠十五六座。建筑规模大小不一，多取决于聚

表 2

2020 年第七次全国人口普查九里行政村主要姓氏和人口分布情况表

（20 人以上列为主要姓氏）

单位：人

自然村名	主要姓氏	人口	其他姓氏
九里村	贡氏	117	汤、徐、耿、凌、龚、蒋、韦、魏、杨、吴、曹、程、仇、贺、陆、沙、朱、高、姜、金、鞠、孟、倪、宋、仲、衡、史、许、姚、殷、曾、董、景、欧阳、丁、方、戴、严、胡、黄、巫、俞、何、罗、夏、袁、蔡、洪、吉、戚、任、石、庄、毕、卞、林、毛、童、于、虞、单、杜、段、樊、封、冯、付、傅、葛、郭、韩、郝、荆、孔、梅、蒙、彭、普、钱、邱、束、帅、苏、孙、田、谢、刑、熊、薛、印、余、岳、郑、邹等94个
	周氏	67	
	陈氏	56	
	王氏	50	
	张氏	50	
	郦氏	45	
	刘氏	45	
	李氏	40	
	赵氏	32	
	潘氏	28	
	马氏	26	
	沈氏	25	
	谭氏	25	
	佘氏	23	
	邓氏	20	
旧县村	郦氏	310	马、张、徐、井、李、梁、欧阳、耿、吴、杨、丁、黄、谭、曹、查、管、邓、贡、胡、刘、史、韦、范、殷、孙、沈、杭、蔡、戴、纪、许、严、庄、顾、佘、魏、邹、贺、季、金、景、施、陶、向、游、华、林、叶、柏、臧、曾、褚、董、方、付、高、谢、龚、韩、霍、姜、柳、鲁、陆、栾、蒙、孟、穆、倪、彭、浦、蒲、祁、任、石、宋、田、万、文、伍、夏、尚、刑、于、余、虞、仲、光等88个
	汤氏	63	
	王氏	42	
	冯氏	34	
	陈氏	32	
	朱氏	32	
	凌氏	27	
	赵氏	23	
	潘氏	21	
	蒋氏	20	
	周氏	20	
张庄村	陈氏	223	张、纪、李、刘、韦、谭、黄、吴、魏、王、景、范、凌、丁、卞、蒋、贡、严、潘、胡、徐、马、郝、殷、汤、孙、鲁、吉、杭、虞、俞、佘、杨、许、熊、谢、夏、唐、覃、苏、司、盛、钱、欧阳、倪、罗、郦、鞠、荆、靳、焦、贺、奉、曹、包等55个
	戴氏	28	

续表

自然村名	主要姓氏	人口	其他姓氏
蒋庄村	邓氏	242	潘、王、黄、陈、李、贡、钱、谭、蒋、朱、韦、郦、马、杨、蔡、周、韩、吴、俞、赵、唐、许、高、仇、丁、戴、杭、程、池、封、冯、吉、鞠、恐、林、刘、龙、卢、鲁、毛、倪、佘、石、史、眭、孙、徐、严、颜、殷、尹、喻、袁、岳、郑、庄、邹等57个
	张氏	44	
贺甲村	贺氏	128	戴、张、倪、姚、李、蒋、王、韦、周、陈、赵、吴、谭、潘、耿、贡、何、于、欧阳、任、卞、曹、凌、郦、靳、宋、姜、顾、文、鄢、陆、方、徐、雷、史、辛、鲁、唐、庄、秦、佘、陶、黄、覃、钱、彭、卢、蔡、偶、闵等50个
塔路头村	潘氏	132	刘、陈、贡、谭、徐、邓、李、吕、马、胡、史、汤、郦、殷、仇、符、沙、袁、戴、丁、韩、黄、纪、季、蒋、景、凌、罗、欧阳、阮、覃、魏、项、刑、宣、严、杨、叶、赵、周、朱等41个
	张氏	29	
	韦氏	28	
	贺氏	22	
	王氏	21	
韦甲村	韦氏	162	陈、王、潘、黄、刘、仇、徐、胡、吴、殷、郦、朱、邓、吉、姜、谭、汤、蒋、凌、马、史、魏、孙、严、柴、刁、丁、高、耿、顾、贺、靳、景、李、罗、毛、彭、钱、汪、叶、杨、伍等42个
	张氏	27	
景家渡村	景氏	171	韦、王、殷、刘、陈、李、朱、戴、潘、吴、偶、曹、笪、纪、蒋、欧阳、沈、孙、谭、徐、姚、耿、贾、凌、史、周、白、高、韩、杭、贺、胡、季、孔、郦、马、毛、倪、秦、戎、宋、眭、魏、庄等44个
	张氏	21	
蒋甲村	蒋氏	112	张、田、顾、金、王、周、潘、胡、李、景、黄、袁、贺、郦、汤、韦、俞、谭、曹、徐、朱、凌、贡、伏、杨、马、史、偶、蔡、魏、曾、严、韩、赵、郭、欧阳、姚、左、杞、倪、黎、华、肖、包、刘、沈、颜、邓、吕、殷、散、钱、鞠、尹、汪等55个
岗村村	潘氏	286	陈、张、刘、韦、周、凌、王、欧阳、徐、赵、朱、贡、郦、李、倪、曹、杨、景、邓、马、汤、蒋、吴、唐、耿、殷、黄、史、彭、衡、苗、林、梁、兰、眭、顾、夏、梅、董、葛、江、盛、鹿、俞、于、熊、宋、袁、向、齐、刑、胡、印、曾、薛等55个
赤石岸村	贡氏	32	张、曾、陈、蔡、胡、耿、周、欧阳、潘、马、夏、韦、邓、姜、朱、史、奚、李、毛、赵、杭、谭、沈、吴、尚、贾、戴、阚、郝、高、仇、佘、邹、蒋、顾、贺、林、俞、徐、孙、丁、纪等42个
	刘氏	27	
	郦氏	24	
	王氏	22	

表 3

1949 年前九里行政村宗祠分布情况表

宗祠名称	所在村庄	开间进数	备　注
季子祠	九里	号称九十九间半	季子后人为季子守墓而建，后发展成季子庙
郦氏宗祠	旧县	3间3进	堂号“注经堂”，1969年拆除
汤氏宗祠	旧县	3间3进	1965年拆除办小学
贺氏宗祠	贺甲	3间3进	堂号“敦叙堂”，20世纪50年代拆除
贺氏宗祠	贺甲	3间3进	堂号“敦厚堂”，现为爱国主义教育基地
邓氏宗祠	蒋庄	3间3进	不详
蒋氏宗祠	蒋甲	3间3进	堂号“九侯堂”
潘氏宗祠	塔路头	3间3进	1956年拆除建学校
韦氏宗祠	韦甲	3间3进	堂号“一经堂”“京兆堂”，1996年拆除
景氏宗祠	景家渡	3间3进	1954年拆除
潘氏宗祠	岗村	3间3进	堂号“笃诚堂”，1958年拆除
贡氏宗祠	九里	3间3进	1949年后拆除
周氏宗祠	九里	3间3进	堂号“爱莲堂”，1949年后拆除
陈氏宗祠	张庄	3间3进	堂号“义门堂”，1970年左右拆除

居族人多少、身份贵贱和经济贫富。宗祠大多为3开间3进，布局相仿。前进正中为宗祠大门和厅堂，上方高悬“某某堂”匾额。中进为大厅，是族人聚会、议事及宴请之所。后进陈列祖宗牌位，神龛上排列着列祖列宗的牌位，并摆着供桌、香案、烛台、香炉及祭器，有的还有祖宗画轴和壁画。每进之间，皆条石铺就过道相连。过道两旁是花坛或花圃，内植丹桂、天竹等树木。旧时，祠堂为家族神圣殿堂，族人每年都要在祠堂内进行祭祀，许多宗祠中进和后进之间还建有串棚相连。20世纪50年代后，九里地区的祠堂大多拆以建校或改作他用。2021年，唯有贺甲村的贺氏宗祠保存。

族谱

修谱是宗族大事，1949年之前，九里多数姓氏都编修族谱。修谱前家族召开会议，作出修谱决定，筹措经费，组建编修班子。修谱时，编写人员具体分工，采写、编辑、汇总、校对、审核各司其职。序言均由地方名士而作，内容主要为述其家族渊流、彰其前辈功德等。族谱修成后，要外请刻工、印工等在本祠刻字、排版、印刷。今续修族谱则送印刷厂刊印。

《延陵吴氏宗谱》　又称《云阳吴氏宗谱》，最早由南北朝时吴翥所编。北宋时，吴遵路主修《丹阳吴氏宗支录》，撰《初次编订叙》。清嘉庆四年（1799），进士吴鼎自编《云阳吴氏宗谱》20卷，为迄今所知存世最早的延陵吴氏家谱。现存清光绪四年（1878）和1920年续修本。主要记载季札生平事迹，延陵吴氏宗族名人、家规、祠规、祭祀和公举祀正等，同时详细记载延陵吴氏族脉传世及分布情况。

光绪四年三让堂《吴氏宗谱》现由九里村委会保管。

《云阳郦氏宗谱》　全谱16卷，为郦毓亮于1913年纂修，堂号注经堂，木刻本，共44册。保存完好，全套藏于河北大学图书馆。

《延陵韦氏家乘》　清光绪十六年（1890），韦氏后裔韦恭才等主修《延陵韦氏家乘》12卷。1948年续修至24卷。2012年，圩桥韦氏后人在1948年刻本基础上续修《延陵韦氏家乘》。

《贺氏宗谱》　清光绪版蒋墅奕恩堂《贺氏宗谱》共60册，木刻线装本，分装在两个专用谱箱内，完整保留丹阳蒋墅、九里

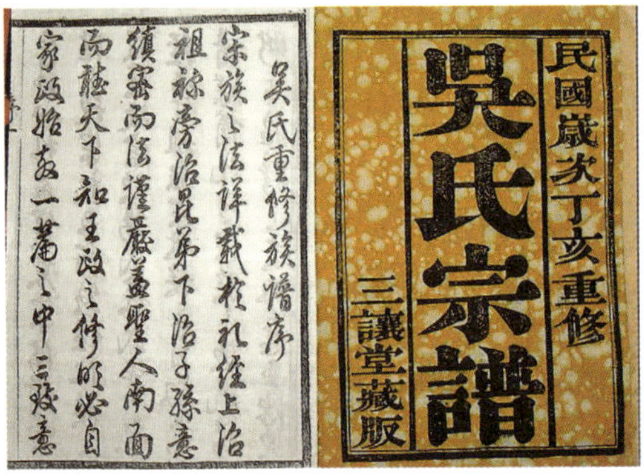

延陵吴氏宗谱

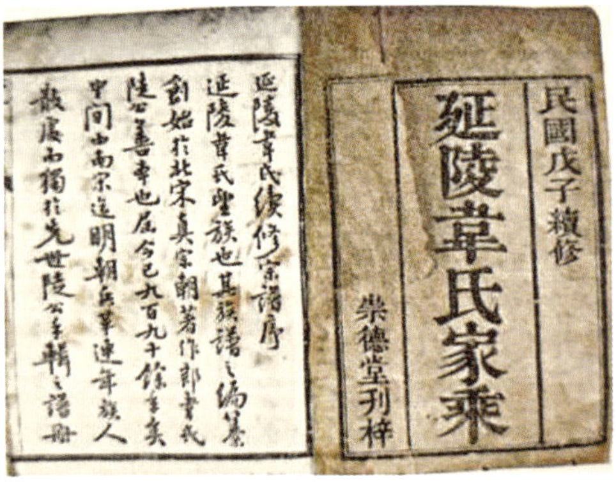

延陵韦氏家乘

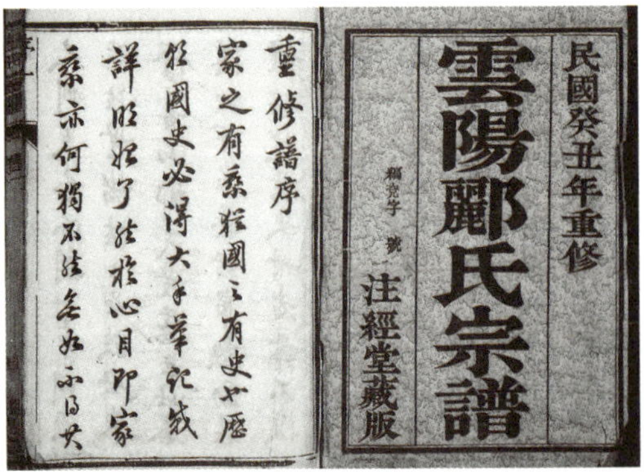

云阳郦氏宗谱

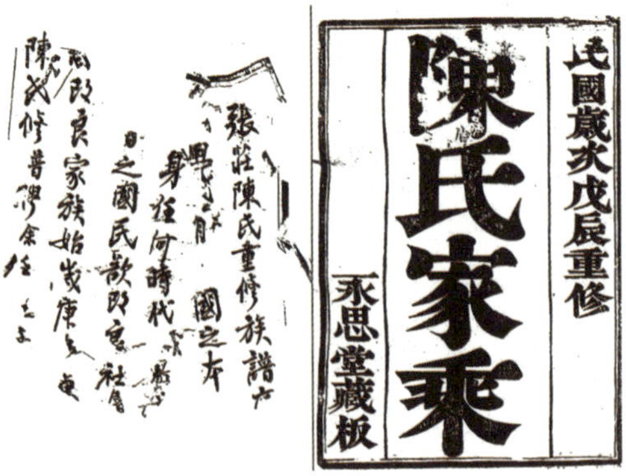

张庄陈氏家乘

等地贺氏宗族资料。藏谱人贺真方说，该谱原为丹阳九里俞庄支（即九里贺甲村）贺氏族人贺胜富保管，后散落常州为他购得。

张庄《陈氏家乘》　1928年重修，现存南京图书馆。另张庄村民陈志梅存有10册。

《贡氏宗谱》　第一次编修为元至正四年（1344）。明时，贡原懋又编。1940年春，贡焕（又名贡友三）、贡炳元又主修并作谱序，前后共修纂16次。1998年，柳茹《贡氏宗谱》又修。

家训

吴氏祖训

忠君亲上，以报国恩。
孝亲敬长，以笃人伦。
尊祖敬宗，以溯源本。
教子训弟，以守典型。
兄友弟恭，以重手足。
夫义妇顺，以正家道。
敬老慈幼，以睦宗族。
尊师重道，以培书香。
崇正黜邪，以端学术。
持廉立节，以敦品行。
力耕勤织，以趋本务。
作工行商，以正事业。
致敬尽诚，以奉祭祀。
急公奉上，以完钱粮。
安分守己，以保身家。
忍忿思难，以释怨仇。
周贫恤乏，以厚族谊。
好义行善，以绵世德。
积善余庆，不善余殃。
用期后嗣，俾炽而昌。
因垂家训，教以义方。
凡我子孙，不愆不忘。

吴氏家规家训

修谱系　谨祭祀　孝父母　友兄弟
勤学业　务农桑　尚勤俭　积阴德
惜名节　存忠厚　杜争讼　畏国法
敦尚伦理　教训子孙

郦氏家规家训

崇孝行　重悌道　立言行　谨婚姻
严丧祭　勤本业　饬训道　遵节俭
敦礼让　和乡里　禁争讼　慎交友
睦宗族　守宗约　正蒙养　体亲心
守清白　择术业　敬师傅

贡氏家规家训

修录世系　修理祠宇　顺父母　敬长上
和兄弟　教子孙　力农田　省冗费
毋交匪人　须学正道

7

艺文荟萃

九里是丹阳最早的县城所在地，吴文化发源地之一。钟灵毓秀，民风古淡。季子遗风流韵，光照千秋。故园之情、文物之胜，堪称丹阳之最。历代文人骚客纷至沓来，吟啸唱和，留下诸多流传千古的诗文。这些作品大多歌颂延陵季子德行，赞叹九里沸泉神奇，饱含丰富的思想情感和高超的艺术想象力，与延陵季子的高风至德相得益彰，与九里山水的自然风貌交互辉映，为丹阳积淀深厚的人文底蕴。唐代文学家、诗选家、丹阳人殷璠编有《丹阳集》，是中国现存唯一一部以诗人籍贯为收录标准的“唐人选唐诗”，对研究地域文学颇具价值。

诗词歌赋

季札赞

晋·陶渊明

夫子戾止，爰诏作铭；

谓题有吴，延陵君子。

赞季子像

南朝宋·刘裕

惟王延陵，全义让国。

见礼知政，闻乐知德。

观风审音，挂剑酬心。

怀哉高风，无古无今。

行经季子庙

南朝陈·张正见

延州高让远，传芳世祀移。

地绝遗金路，松悲悬剑枝。

野藤侵沸井，山雨湿苔碑。

别有观风处，乐奏无人知。

陈情赠友人（节录）

唐·李白

延陵有宝剑，价重千黄金。

观风历上国，暗许故人深。

归来挂坟松，万古知其心。

懦夫感达节，壮士激青衿。

题季子庙

唐·李季华

季子让社稷，又能听国风。

宁知千载后，蘋藻冷祠宫。

季子赞

宋·赵普

嗟哉先生，精纯粹美。

量包天地，智周万里。

其弃国家，若视敝屣。

流风遗泽，千载兴起。

古有斯人，夷齐而已。

九里沸井

宋·欧阳至

延陵一带湛溪流，九里灵泉沸不休。

天为嘉贤表清节，长教活水出源头。

吊季子墓

宋·李公翼

守节卑吴国，刊碑篆圣模。

让风终古在，曾不谢唐虞。

溪边君子墓，庙飨几春秋。

世有争荣者，闻风亦可羞。

延陵季子庙

宋·杨杰

战国干戈礼义隳，延陵高节救周衰。

当时若嗣诸侯统，后世谁传十字碑。

生死不欺留剑约，兴亡都在审音知。

名儒如欲修前史，列传应须次伯夷。

题季子庙

元·萨都刺

公子不来春草绿，故宫禾黍亦离离。

沸原尚有千年井，古篆犹存十字碑。

去国一身轻似叶，归田两鬓细如丝。

李家兄弟一朝暮，羞见延陵季子祠。

同汤尚本游季子庙赋

明·汤铭

道穷知己少，地僻隐居深。

枉驾来相访，贤祠幸共临。

高风堪景仰，佳景足清吟。

谁似吴公子，存亡不易心。

吟季子庙

明·喻时

洁行西山节，高让东吴轨。

观乐叹鲁庭，脱难裨晏氏。

系剑存徐君，废瑟匡文子。

斑驳的季子庙古石板地面

待命悲力单，闳览识物始。
不见宣圣题，谁识延陵美。

咏季子庙

明·顾正谊

季子生荆蛮，英声时清妙。
万乘犹浮云，弃之且耕钓。
上秉伯夷心，下齐子臧操。
遨游十二邦，功名付谈笑。
解剑心协许，观乐探神奥。
见微知清浊，灵台朗堪照。
奈何萧墙间，树兵不能料。
采薇首阳山，始同古人调。
栖栖恋邦族，徒取沽名诮。
所以披裘公，姓名不复告。

吊季子墓

明·刘仲璟

季子祠前荒草秋，夕阳乌鹊闹啾啾。
当时礼乐违兴运，终古干戈起谋猷。
鸟篆字昏贞石在，《象箭》歌废正声流。
年来欲尚多贪竞，谁拟重将坠典修?

观沸井

明·吴国仁

季子祠前荒草隅，沸泉清浊迥然殊。
从来游览知多少，有似先贤涤德无。

挂剑曲

明·李东阳

长剑许烈士，寸心报知己。
死者岂必知，我心元不死。
平生让国心，耿耿方在此。

题季子庙

明·王同祖

不惜千金剑，空悬冢木阴。
古今三让国，生死百年心。
鸟雀荒祠静，风烟故垒深。
经过荐蘋藻，感叹有遗音。

延陵孔碑

明·眭晔

高哉让国心，浊世何能识。
幸生君子乡，徒自瞻遗画。

谒季子庙

明·沈固

沙漠风霜肃，辕门岁月深。
愤时频按剑，老景合投簪。
素节常钦仰，高风特远寻。
敬瞻神会处，无愧此丹心。

谒九里季子祠

明·汤日昭

延陵西去问遗踪，古木森森数亩宫。
曲涧潺湲通九里，晴岚掩映列三峰。
故山不改幽栖色，野老犹存让畔风。
千载高明谁得似，首阳直许并清忠。

题季子庙碑诗

明·李廷镛

十字圣人迹，千秋季子名。
若非能让国，何以羡逃耕。
古栋余云气，荒阶杂鸟声。
临风瞻拜罢，萧瑟客愁生。

吴季子祠下作

清·王士祯

我行延陵城，怀古心菀结。
让德邈已远，流风缅曩哲。
州来季当立，高怀宁讵屑。
躬耕表遐志，亮哉子臧节。
慕义永无穷，穹碑字难灭。
所悲于潜役，国乱相更迭。
伍胥进勇士，专诸践王血。
逊位固高义，复命忍臣列。
春秋不名贤，书札理当晰。
呜呼三代后，斯风久沦绝。
廉节起顽懦，尚论义常窃。
缟纻思故人，空祠飒寒雪。

季子祠

清·沈德潜

斜日延陵郡，秋风季子祠。
荒庭飞野鸟，老树宿寒鸱。
十字褒尼父，千秋喜并时。
躬耕兼待命，怀古不胜思。

拜季子祠

清·陈公位

让德千秋迥，尼山十字传。
至今遗殿宇，崇祀号嘉贤。
祷赛烦官吏，鸡豚走市廛。
缘何被轩冕，与志太相悬。

谒季子庙

清·陈玉堪

入庙竦瞻仰，屏容复彷徨。
幸生君子里，来此酬椒浆。
青苔闭鼎迹，白日沦空梁。
高风动遐溯，岂云同子臧。
所以争战余，庙貌犹辉煌。

延陵孔碑

清·潘之彪

千载高风说有吴，荒祠古迹见芳模。
效原葬尽英雄骨，问有尼山片字无。

季子庙看沸井歌

清·贺履谦

延陵名郡山之阿，嘉贤古庙郁巍峨。
沸井有六今如何？建元之初奏金石。
掘地数丈泉悬河，中有木简色坚白。
庐山真人迹无讹，县公凿穴腾奇波。
至今四井如江沱，清浊咸沸音鸣锣。
煮鼎火烈冲银鹅，昼夜汩汩翻生鼍。
源远流长地脉多，并结争赴相荡摩。
黄河落天正如是，理势小大同一科。

延陵祠

清·贺鉴

渔竿城畔望丹丘，公子曾经此地游。
缟纻已非吴带砺，沧桑犹记越春秋。
禾香羽翠标银汉，荻影鸥房静绮流。
旧禘亭碑相向立，贤名圣德古今留。

季河桥两侧蚣蝮

碑铭纪胜

谒季子庙碑记

晋·殷仲堪

君讳札，吴王寿梦之少子，泰伯十九代孙也。封于延陵，号曰季子。周室蕴累仁之基，有吴开至德之祚。缅玄流以远会，启灵祥于一朝。参三才之妙致，挺斯文而在兹。君性资上善，体极黄中，温量渊岳，争明日月。仁和阳春之德，志邈秋云之高，凝雪不足拟

季子碑与十字碑亭

其洁，南金无以喻其贞。夫老氏同王侯于三大，仲尼以名器为大贤。非道无以通物，非德无以守位。吴王知君之贤，思托社稷之重，三昆同誓，传国而至。百姓与仁，历数在躬。而君桎梏人役，臭腐英华，超然高谢，退耕

别野。轻千乘于鸿毛，易大业于脱屣。昔泰伯遐举以违亲，子臧宵驾以辞国，其由王业之命有托，义嗣之主非己。孰能践圆机而弗扣，抚归运而长揖哉?自古皆有让，未若君之高者也。若乃内艰弗兴，大存宗国。会仁而不持，导义以忘贤，深情远概，超名节之外，潜功密运，无涉世之累。兹谓体道忘形与人，而己愈有矣。观乎嬴博之达，几乎知命；领旨悟契，殆尽神功。解剑徐君之墓，亮至信于不言；指金采薪之士，表幽人之高情。以一幽显，照达微章。荣华不能干，哀乐不能滞。绝尘昭旷之境，独得神明之肆，邈矣哉!清明高远，弗可尚已。譬犹乘太虚而升昆仑，游清霄而佩日月，英风澡俗，遗德在民。虽复世经五代，年积千祀，而坟陇勿剪，庙宇常存。有晋太原陈郡殷仲堪作守兹土，怀清尘于旧壤，讯遗踪于故老，践灵阶以肃感，历松柏而凄心。缅矣长思，慨然永叹。以为圣贤虽远，神想可通；影迹虽灭，风趣不泯。使百代之下，若见其人者，非夫传旨文言，寄兴音味，何以致兹?乃研厉树思，为之铭赞曰：

百王咸暨，群动资竞。

邈矣上誓，含灵独镜。

脱屣尘路，超逸玄径。

明殆庶几，达侔知命。
眇眇秋云，皎皎宵月。
惟清惟虚，既高既彻。
亮兹默诚，昧彼庸节。
言发信彰，功深累绝。
情由道属，理以神通。
矧伊有感，承乏此邦。
一瞻灵宇，惆怅坟封。
乃刊玄石，传想无穷。
俾我后生，濯君高风。

谒季子庙碑记

南朝梁·王僧恕

予领略群书，周求诸古。古而为让，在事多途。乃或从天应命，惟允佥曰；或推功有寄，或授之以德，此皆天人之所命，亦以功德之宜欤？夫季子讳札者，吴王寿梦之少子，故曰季子，封于延陵。泰伯十九世孙也。源周绍吴，系惟先哲；积善余庆，风流播远。以君禀正灵之独秀，泳微妙之囦奇，卓尔莫能变其操，凝然无以测其际。山藏弘纳，何足累其旷；冬日温美，宁以喻乎仁？故让乃先天，安从物议？考绩攸归，在躬弗荷，而志存高退，不重万乘，惟保清约，岂愧黄屋。遂乃逍遥于自得之场，遨游于江湄之畔。社稷无失旧业，昆兄有冲逊之义，泯迹远会，深降默语。结信咸衷，悬剑树杪，指金樵采，流德路端，详音察俗，必审风规之趣。体物机照，而情与神合。至德哉，无能名矣！甘棠勿翦，知东周之美政；庙宇修存，信京吴之流庆。乃增重阶以背冈，开修道以临溪。松杨荫映，秋草连绵。四井地穴，百沸天涌。封朱表以旌衢，望绿碑而骈列。但路由三吴，川贯百雉，人马困哑，舟舸交接。小人祈福，君子钦风。旁皇碑隧，文镌湮没。陈郡殷仲堪，以晋太康缉守毗陵，刊碑立赞，于兹百祀矣。夫金石可灭，德音无朽。自大梁开辟，幽明同体，风流草偃，天下齐心。况予作宰兹邑，弥肃虔情，观迹访古，苔石相昧，瞻陛望室，遗德若存。恻焉追怅，伤哉川逝。聊系述于前人，乃立碑于路右。伊德无穷，在言宁尽。率陈承教，用申赞铭。其辞曰：

淳风既往，浇波是务。
五典无恒，四海争赴。
惟此殊途，超然异路。
一人冲逊，天下谦悟。

猷哉至德，邈矣清风。

逍遥遐聘，远鉴衰隆。

惠流于外，信谅存衷。

超然无累，善始令终。

惟此神极，灵德自天。

惟彼黎庶，致感修虔。

忝割兹邑，凭政幽贤。

徒言无畅，镌刻乃传。

用刊碑石，流响万年。

改修吴延陵季子庙碑记

唐·萧定

有吴之兴也，泰伯让以得之；有吴之衰也，季子让以失之。为让之情同，而兴衰之体异，何哉？泰伯之让，让以贤也，故周有天下，而吴建国焉；季子之让，贤以让也，当周德之衰，而吴丧邦焉。或曰：非所让而让之，使宗祀泯绝，而不血食，岂曰能贤？斯可谓知存而不知亡者矣。夫治乱，时也；兴亡，运也。故至至而不可却，终终而不可留。黄河既浊，阿胶无以正其色；盐池斯咸，弊不能匡其味。与夫当浊乱之世，召力胜之戎，让与争，孰贤乎？《易》曰："知几其神"，则季子之见，可谓知几矣；季子之明，可谓知进退存亡而不失其正矣。至于听乐辨列国之兴亡，审贤知世数之存殁，挂剑示不言之信，避国保无欲之贞，故有吴之祀寂寥，而延陵之飨如在。元风可想，至德兴叹美之辞；哲人其萎，表墓著呜呼之篆。向微德仁两至，则夫子不复唏嘘三叹焉。详其精义被物钩深致远之旨，乌可究其津涯而窥其墙仞哉！是知让之为德，德在于生灵，不独其子孙明矣。国有祀典，人怀永思，定忝列藩条，钦崇懿范，于以加敬，严乎秘宫。别闺壸之内外，正众神之序位。旧以泰伯之庙在于苏台，而制季子之祠，像设东面，非由典礼，谅无取焉，必也正名，于是乎在。祈报旁奠，贽币宜列于轩厢；春秋礼荐，俎豆当陈于正寝。俾观像者识贤人之遗风可律，审度者知经德之礼秩无差。末学陋词，不足颂其休烈；寒来暑往，敢用同于纪年。

时大唐大历十四年岁次己未八月戊戌朔二十七日甲子，正议大夫使持节润州诸军事，守润州刺史上柱国赐紫金鱼袋书新拜尚书户部侍郎兰陵萧定字梅臣记。

前试大理司直张从申书

延陵巡检供奉官张从应监刻

改修吴延陵季子庙记

延州来季子赞

宋·苏轼

鲁襄公十二年，吴子寿梦卒。延州来季子，其少子也，以让国闻于诸侯，则非童子矣。至哀公十年冬，楚令尹子期伐陈，季子救陈，谓子期曰："二君不务德而力争诸侯，民何罪焉？我请退，以为子名，务德而安民。"乃还。时去寿梦卒，盖七十七年矣，而能千里将兵，季子何其寿而康也。然其卒不书于《春秋》。哀公之元年，吴王夫差败越于夫椒，勾践使大夫种因太宰嚭以行成于吴，吴王许之，子胥谏不听，则吴之亡形成矣。季子观乐于鲁，知列国之废兴于百年之前。方其救陈也，去吴之亡十三年耳，而谓季子不知，可乎？阖闾之自立也，曰："季子虽至，不吾废也。"是季子德信于吴人，而言行于其国也。且帅师救陈，不战而去之，以为敌国名，则季子之于吴，盖亦少专矣。救陈之明年，而子胥死。季子知国之必亡，而终无一言于夫差，知言之无益也。夫子胥以阖闾霸，而夫差杀之如皂隶，岂独难于季子乎！呜呼悲夫！吾是以知夫差之不道，至于使季子不敢言也。苏子曰：延州来季子、张子房，皆不死者也。江左诸人好谈子房、季札之贤，有以也夫。此可与知者论，难与俗人言也。赞曰：

泰伯之德，钟于先生。

弃国如遗，委蜕而行。

坐阅春秋，几五之二。

古之真人，有化无死。

重建延陵嘉贤庙碑记

宋·张缜

始予读《春秋》传、《史记·世家》，窃叹季子高风，奋乎百世之上。虽甚盛德，蔑以加矣。已而闻庙貌在所谓延陵者，欲往拜其庭而申奠之。抗尘走俗，久不获偿所志。政和中，受命官延陵。既至，三日谒祠下。礼成周览，巨碑屹然，鱼龙飞动，使瞻仰不暇。盖孔子所篆十字在焉。然后益知季子之贤，昭乎若日月不可磨也。惟吴在周实夷，与诸夏辽绝。鲁成公十五年始通中国，闻诸侯。至襄公二十九年，季子出聘。当是时，季子以前逊国闻诸侯矣。其适齐而返也，长子死，葬于嬴博间，仲尼往观之，以为合礼。若夫观周乐而知所以治乱存亡，见叔孙、穆子、晏平仲、郑子产、蘧伯玉、韩宣子之徒，察其政之得失与其国祸难之将形，其宏览博物，圣人之流亚欤！及复命而哭王僚，挂剑而吊徐君，存大义，敦至信，抑又有大过人者。宜吾夫子，兴嗟叹之辞，垂翰墨之妙，表诸墓而示不朽也。后世贤士大夫莫不闻其风而仰之。是以殷仲堪叙之晋，王僧恕述之梁，萧定记于大历中。文华烨烨，刊之丰珉，与神笔相焕。暨我宋元祐戊辰，太守尚书郎杨杰，慨然想高世之躅，谓圣德加于圣朝，遂上其灵感，乞旌表以增光来世，又被诏赐以嘉贤之号，仍命有司载之祀典，故延陵之庙貌益显，四方来谒者益壮矣。延陵故季子邑，至今其人事神，虽饥馑困踬不敢懈，而神聪明正直，不歆非祀，惟是雨旸失时，疫疠妖孽，或竭诚而前祷，无不应焉。然庙宇历年既久，隆者挠，巩者摧，彩色者昧剥而不可观，瓦腐墉圮，上雨旁风，非所以揭虔妥灵也。宣和七年，邑之豪欲因旧址鼎新之，于是大姓翕然愿从，巧者虑群植，能者鸠众工，昔之卑陋者崇廓之，素缺者增筑之。至建炎元年而大殿及官庐立暨涂泯矣。属金人饮马长江，所在云扰，役因中辍。明年，江左平，诸豪且无恙。向已筑结者亦岿然而存。诚心不移，旧事斯举。又三年，而长廊大门云起山峙，前创后建，丹垩毕施；崱屴璀璨，见者骇目。其落成实绍兴元年也。予既钦季子风猷大节，且嘉其庙貌之轮奂，乃为书其事，俾刻诸石，为诗以遗邑人歌焉。诗曰：

吴自泰伯，逊以有国。
有叶有华，基乃至德。
逮于寿梦，始大称王。
文风武功，则昌而康。
贤哉季子，守节弗嗣。
宁疾其驱，为上国使。
识侔蓍龟，明并日月。
治乱兴亡，靡差毫发。
痛僚示义，挂剑揭诚。
赫赫厥声，愈久愈盈。
延陵之祠，肇自始封。
赐号嘉贤，我朝褒崇。
时难而休，曰旸曰雨。
非神之为，谁福兹土。
巨宇高甍，严严翼翼。
神环宅之，万古血食。

绍兴元年中散大夫、直宝文阁知建康军府事，兼管内劝农使、使江东南路兵马钤辖节制管军马，食邑三百户赐金鱼袋，永丰张镇撰。

延陵季子庙十字碑亭记

宋·刘宰

延陵，季子之邑。季子逊国之节高天下，庙祀为宜。故唐狄梁公尽毁江南诸祀，独此不废。庑前对峙二亭，下覆穹碑，新旧各一。其文曰“呜呼有吴延陵君子之墓”。盖旧者裂矣，而新者代之，相传以为夫子书。书之是否不可知，而历代宝传之，必有自。嘉定己卯春，宰始与里中汤泳、张汝玉并三山郑宁来致敬。周视庑间，淫祀赫然，而亭独坏。喟然叹习俗之陋，乃因友人王遂白府下县镇，撤像设之不经者，凡八十有四。已乃合众力，属镇之士韦晰再葺两亭。晰好事，勇于义，镇大夫上饶蒋丙又劝相之。未几告成，俾识岁月。宰尝观孟子论邪慝之害曰:“君子反经而已。”欧阳子之论释氏亦曰:“当修其本以胜之。”然而二亭之葺，岂徒以寿斯石而已哉!吾党之士必有能反三隅者。

重建嘉贤庙楼序

明·刘澂

宣德辛亥，丹阳贰令昝侯士通摄县事。夏四月吉日，主祭于季子之祠，慨庙宇之陵替，以兴废为己任。未几，庙邻村耆士贡原懋氏体侯之意，一旦自出其赀，鸠工庀材，畚锸并作，创让王之楼于庙后，其崇以尺计者三十，其广如崇者倍之。主出入者原懋，而程督经画者，则其子诩也。落成之日，侯访余而言曰：“吾受命来牧兹土，事神治民，职也。季子之祠，非徒祀典所不废，且旱涝灾疫，祈祷必应，其福吾民也大矣。兹庙楼实赖原懋父子之功，不可无文以赠之，因以序见属。”余思祀典之布天下，历代以来，神皋奥区，与夫山林幽邃之境，琼楼宝殿，森列相望。然依于幻有者，终不能以无敝，每有待于后人之修葺，乃恒患天时人事之不齐宜，其兴废相寻，如云华之起灭，而不可常也。余尝陪祭于斯，观其庙宇，历年既久，隆者挠，巩者摧，彩色者昧剥，瓦腐墉圮，上雨旁风，非所以妥神灵也。今原懋不知疲，不告劳，复其旧规，新其未有，而能建兹大观。虽曰昝侯劝勉之功，然非其平日所存有忠厚之心，尊崇之意，未易及此。是用书以畀之，使后之君子乐道人之善者，得以有考焉。

明宣德七年岁次壬子三月上巳日

丹阳县儒学教谕南昌刘瀓序

季河桥碑记

明·陈力莘

奈何桥去县四十里，非当通都巨邑往来之冲，而必方桥可通车舆以济者，何也？盖以季子之庙在焉。季子吴公子札也，父寿梦贤之，欲立为嗣，札义不可，乃立其长诸樊，约以次传及札，而札去之延陵，终身不入吴国。是将使天下后世闻其风者，贪夫廉，争夫让，而篡夺之祸弥矣。吾夫子修《春秋》，因其来鲁，而略之比于楚椒秦术，无异称者，特惜其择乎。中庸之道失时，措之宜而责之备也，责之备者所以望之深也。且题其墓曰："呜呼有吴延陵君子之墓。"其贤若是。故后人仰其德，高其节，因其葬是为之立祠。而凡水旱疾疫有所求必祷焉，神亦应之如影，响之随形，声信祀典，所谓有功德于民而当祀者也。以故每岁春夏之交，焚香祝愿，拜谒祠下者，车毂击，人肩摩，非徒杠可渡，而是桥所以作也。此昔人之用心有功于后人者多矣。及其历年滋久，啮激于洪水，淹没于淫雨，而倾颓于景泰庚午夏，民甚病之。而邑宰吕侯衡方新其庙貌，功未暇及。越明年辛未，侯乃与贰尹汉阳苏君绍武，判簿临安郑君贤，典史涞水王君勉，计其值而经营之。时左都御史沈公固致政来归，又力赞之，而犹未决也。适贰守丽水俞公端以事至邑，遂相与白之公，即为之区画，命耆老邓顺等出其庙之所入，与昌国寺僧之所募，鸠工匠，具徒役，去其朽坏，易以灰石。始于是年之十一月，未及成而吕侯以考满去。明年壬申，确山刘侯宗继宰是邑，乃增徒役，立程限，至癸酉夏四月而厥功告成，穹然若神龙之卧波，湖山为之出色，庙庭为之壮观。于是父老相庆，拜余学舍，请记其事，以示永久。嗟夫，昔郑子产以其乘舆济人于溱洧，而孟子讥其惠而不知为政。且曰：岁十一月徒杠成，十二月舆梁成，民未病涉也，则此亦王政之一事焉，为政者所当务也。然古之所为徒杠舆梁，殆不过架木积薪实土，岁一新之而已。若今之桥则异于是，以石计之则无虑千数，以费计之则用米八百石有奇。其用心也密，其为力也劳，其惠于民也远，视子产之乘舆济人者，盖大相远。而比年一新者，亦有间矣。是宜记其始末，刻诸石，俾后之君子有所劝止，且知为政之大体焉。

季子墓碑辨

明·邓伯羔

欧阳修《金石录》云："《吴季子墓铭》，自前世相传，为孔子所书。据张从申记云'旧石堙灭，开元中，明皇命殷仲容摹拓其书以传。'然则，开元之前已有拓本矣。至大历中，萧定又刊于石，则转相传摹，失其真远矣。按孔子平生未尝至吴，以《史记·世家》考之，其历聘诸侯，南不逾楚。推其岁月，踪迹未尝过吴，不得亲铭季子之墓。又其字特大，非古简牍所容也。"杨慎《丹铅总录》云："陶潜《季札赞》曰：'夫子戾止，爰诏作铭。谓题有吴，延陵君子。'"此可证其为古无疑。秦观疑其出于唐人，未考陶集乎？君字今误读为季，非也。其字作蜀形，与义与季不合也。按篆书"郡"字有从此为偏旁者，可证其为"君"字无疑。郎瑛《七修类稿》云："延陵季子碑在镇江，其文曰'有吴延陵君子之墓'，世传孔子书。"《学古编》以古法帖云："呜呼有吴君子"，篆法谆古，似乎可信。今碑妄增"延陵之墓"四字。除"之"字外，三字是汉人方篆，不与前六字合，又音"君子"字作"季子"，显见其谬。盖汉器"蜀郡""洗郡"，"郡"字半片，正是此"君"字也。《金石录》又以为孔子生平未尝至吴，盖以《史记·世家》考之，推其岁月，踪迹南不逾楚之故。复引张从申《杂记》云："旧碑湮灭，明皇命殷仲容摹拓以传，是开元以前已有本矣。"予按永叔、子行皆辨非孔子，明矣。或者即仲容所书，借孔子以欺世。此秦观所以疑唐人所书，有见也。《丹铅续论》又谓："陶潜作《季子赞》，曰：'夫子戾止，爰诏作铭。谓题有吴，延陵君子'，此可证为古有。"据此，则子行敦右可信之言，又是也。但陶集无此载《艺文集》，知今非全集也。

重修延陵季子庙碑记

清·蒋超

介丹阳金坛之交各五十里，曰延陵，有吴君季子庙云。自汉及今，庙貌最古。民间祈农望岁，疾病祷祀，远近至者无虚日。君亦惠风甘雨，默祐一方。野蚕穞谷，穷龟大鱼，充溢于溪田巷陌之间。其民朴而多寿，丰财力穑而耻未富。酉戌以来，老幼熙娱，寂然不见兵革之事，君之佑民可谓至矣。庙素宏丽，亟修亟坏。年来梁桷斑剥，藩削级彝，不能避燥湿，修士吴嘉侯患之。安阳吴侯之镆，适宰于阳，捐俸恪首，属嘉侯董其事。以君之灵，克用有成。嘉侯属予记之，欲以修建本末载庙石，不可不一至其地。孟夏之日，乃肃衣冠，过旧里，西山送青，溪溜萦注，高冈耸抱，若阿若盘。沸井流珠于右，长桥虹贯于前。庙门轩敞，巍殿三重，崇宫崎巇，杰出云表。仰瞻仪像，披衮衣，列班剑，肃然如生。露台有奉夫子十字碑亭，赑屃纠结，丹绀耀日，修廊蜿然，环两旁者，九十余楹。厥后又有让王楼，翼以邑大夫斋宫庖廥用炉，无不毕具。噫，君之灵应，与吴侯之勤民，嘉侯之好义，尽于此矣。予独思，当春秋时，志兴王室者，唯吾夫子耳。君为文武子孙，备知三代礼乐，又序次当立。以大圣人辅一贤侯，足使东周复兴，生民被泽，瞥然高蹈。又处人伦骨肉之变，此君之大痛，亦吾夫子之忧，天下之不幸也。虽然，自君以让德显天下，修其教者，无智愚贵贱，皆知重伦义，轻禄位，以推梨让枣为足钦，夺刍攘骨为可耻。由其道可以无争，无争无刑，无刑无兵。君所造于后世者，岂止疗疾苦而御饥凶也哉？以此思，受庙食千万世可也。诗曰：

粤有泰伯，国以让延。
寿梦象贤，曰有季存。
熠熠吴君，惟义之躭。
腐鼠吓鵷，悯彼鸱顽。
当周之衰，君为同姓。
诛乱定王，姬可不亡。
敝算浊胶，不救俗荒。
句茅之东，延陵之里。
佳城郁葱，穹窿厥祀。
冥灵蕃育，丰年大有。
溪深鱼肥，士敦谷阜。
峨峨素王，缟纻遗之。
赫赫穹碑，蛟龙护之。
公孙嘉侯，世奉君庙。
吴侯善刀，登良戢暴。
既惠吾民，亦谨于神。
运会适符，各汇其源。
灵堂岁久，栾栌渐倾。
乃命鼎新，嘉侯董成。
风斤雨斲，神输鬼营。
铁石犀寿，髹彩晶莹。
乃构元房，用表休尚。
夷清惠和，君圣之让。
粒我蒸民，既富且臧。
孝友睦姻，以配神贶。

赐进士探花及第儒林郎翰林宏文院修撰金坛蒋超拜撰

8 物产美食

九里地处长江三角洲太湖湖西平原，水网密布，土地肥沃，盛产稻米、小麦等粮食作物。香糯是九里有名特产，唐代起就作为贡品。九里水资源丰富，水面广阔，水产养殖具有特色，以青鱼、草鱼、鲫鱼、鲢鱼、鳊鱼、鳙鱼为主，尤以鳙鱼最受青睐。改革开放后，九里约有60户养鱼专业户，养殖水面2136亩。九里人还利用水面栽植菱角、荸荠、茨菇、茭白、水芹、莲藕等水生作物。九里的美食有鸭饺、百叶包、羊肉烧腌菜、咸烩鲜、鸭肉烧青菜、“胖头”豆腐、大麦粥、炒屑、手擀饼、小蒜饼、糖馃馃、全派头等。

香糯

香糯是糯稻的一种。九里地区土质好，适合栽植香糯。九里香糯米粒饱满，洁白光亮，气味芳香浓郁，是糯米中上品。香糯米营养丰富，富含蛋白质、脂肪、糖类及多种维生素，黏性强，是制作粽子、元宵、八宝粥、糕点等甜食的上等原材料。中华人民共和国成立前，九里出产的香糯大多销往苏、锡、常等地，加工后名“无锡元米”，闻名遐迩。九里香糯酿酒的出酒率高，曾有资深酿酒师说，其他地方糯米酿酒只有3个孔出酒，而九里香糯米酿酒有5个孔出酒，酒体甘冽、醇香。用香糯酿造的丹阳黄酒、丹阳封缸酒素以“味轻花上露，色似洞中春”闻名海内外。

生态稻米

生态稻米是不使用农药、纯天然的无公害稻米，要求种植的田块土质肥沃、有机

生态稻米

质含量高、土壤及水源无污染，生产过程中不施用农药、化肥，加工时也不加任何添加剂。2013年，稻鸭共作方式生态稻米种植在九里和旧县等自然村开始推行。稻鸭共作是以稻田散养麻鸭的一种自然与人工相结合的生态系统。鸭子杂食性强，能有效控制害虫和杂草生长。鸭子在田间不断活动可疏松表层土壤，使水稻强根壮蘖，刺激水稻生产，以增强植株的可抗性。稻田鸭以稻田的稻飞虱、稻叶蝉、纵卷叶虫、稻苞虫、螟虫等害虫为食，同时搅动水稻，改善通风透光条件，控制水稻纹枯病、条纹叶枯病、白穗病等。2021年，九里生态稻米种植面积突破500亩。

蟹虾

九里水域盛产蟛蜞蟹、绒螯蟹和糠虾。

旧时，九里产蟛蜞，芒种前后，麦田里都能捉到。蟛蜞个头小，味道鲜美，是农家的美食。

绒螯蟹入秋后有洄游至长江入海口产卵的习性，许多村民就设法捕捉误入通济河和香草河的绒螯蟹，这时的绒螯蟹肉丰脂肥，是美食中的佳品。

九里糠虾也是味道鲜美的水产，糠虾炖豆腐、焖鸡蛋是餐桌上的美味。

如今野生蟹虾已很少见，多数为集中养殖。

胖头鱼

九里水域盛产胖头鱼，历史悠久。胖头鱼名鳙，别名花鲢、灰鲢。因其头胖大，故名胖头鱼。鳙为温水性鱼类，性温驯，适应较肥沃的水体环境，冬季九里域内河流和湖塘中有鳙栖歇，是著名四大家鱼之一，经济价值高，是九里水产重要养殖对象。

九里人喜欢吃胖头鱼，无论是红烧还是白烩，都是餐桌上的佳品。九里有句这样的顺口溜："宁挨三拳头，绝不放过一个灰头鲢。"

菱角

九里的大塘小沟里到处都生长着菱角。菱角有家菱和野菱之分。

家菱为人工栽培，有四脚大红菱、小红菱、大青菱和两脚大凤菱（也叫扁担菱）。野菱又分四脚野菱和两脚野菱，两脚野菱也叫猪婆野菱。当年掉在水底的老菱第二年都会发芽长出菱蓬，家菱则要人工在春天将刚露出水面的菱蓬用绞草竿连根绞起，捆在大土块上抛入水中，方可生长。

2000年后，水产养殖发展迅速，菱角生产逐渐让位于渔业生产，村民只在小塘沟里零散栽植菱角。

乡土小吃

炒屑

炒屑是将元麦炒熟后磨成的粉状物，开水冲泡后即可食用，是旧时九里人常吃的食物。冲泡时加糖或加盐，调成干饭状，虽然粗糙，但香气四溢，人们在田间劳作或外出时常以此作干粮。20世纪90年代后，各种食品越来越丰富，炒屑逐渐淡出人们的视野。时至今日，已很少有人吃这一食品了。

手擀饼

手擀饼是九里人常吃的食品，制作时用水将面粉和好，然后揉搓成团，用擀面杖摊开，撒上葱、蒜末和芝麻并涂上香油，然后把擀过的面皮复合起来，加上葱、蒜末再擀，如是四五次即可上锅烘烤，待饼面金黄就可起锅，食之香酥爽口。

糖粿粿

又叫米屑粿粿，是将米屑（糯米粉）和水后，做成扁圆饼子，放到油锅里煎熟，后加入红糖水或者白糖水煮开、收汁即成。烧好的糖粿粿金灿灿、亮晶晶，看着就能引起人们的食欲。吃起来甜咪咪、糍囊囊，别有风味。

野蒜饼

每年开春后，九里的河坡、田埂、荒地上到处可见一簇簇、一丛丛野蒜，香气四溢，人们常用来制作野蒜饼。将剁碎的野蒜和入米屑（糯米粉）中，加适量水调和匀，做成扁圆形的饼子，上锅煎烤至金黄色，略加一些水烧开焖一会儿就能起锅。此时饼外脆内软，野蒜香气扑鼻。如今野蒜罕见，野蒜饼成了稀罕食品。

野蒜饼

特色佳肴

延陵鸭饺

鸭饺

鸭饺又名延陵鸭饺，是九里特色美食。延陵鸭饺用料考究，首选大型麻鸭腿、胸、翅根等精华部位，一只鸭子只能选6—8块。选好鸭肉后装入小砂锅，放入姜、料酒、盐等调料，然后上笼屉蒸。蒸鸭饺火候很讲究，全凭厨师经验掌握。做出来的成品鸭块呈象牙色，味鲜肉嫩，肥而不腻，汤汁清澈见底，碗面浮有金黄色鸭油，既保留鸭子本身的营养价值，又有清淡、鲜美、嫩酥、补阴舒肺等特色。2008年，延陵鸭饺被公布为第一批丹阳市级非物质文化遗产。

百叶包

百叶包是九里人待客必上的荤菜。它既有肉的鲜香，又有百叶的豆香；既有动物脂肪和蛋白质，又有植物脂肪和蛋白质。做百叶包时，先将五花肉剁成肉糜，拌以葱姜、料酒、盐等佐料，再将百叶切成长方块，将肉糜包成长方包即可。然后将百叶包置于锅中，放上适量水，用温火烧煮一个小时左右，再放入调料，烧至入味即可起锅。

咸烩鲜

每年冬春之际，九里人喜欢将咸肉和河蚌一起烩烧，味道特别鲜美，谓之咸烩鲜。如果再加入豆腐或笋片，味道更佳。具体的做法是先将咸肉、笋片煮半个小时左右，然后将切成块的河蚌、豆腐放入咸肉汤中，烧开即可食用。

鸭肉烧青菜

鸭肉烧青菜是九里人秋冬季节常吃菜肴。秋冬鸭肥，无论是红烧还是白烩，都是美味佳肴。有人嫌红烧鸭太肥腻，于是就在红烧鸭肉中加入青菜，鸭肉烧青菜既保留红烧鸭的味道，青菜还带有鸭肉的鲜味，荤素兼备，肥腻适中。

延陵鸭饺

“胖头”豆腐

鸭肉烧青菜

大麦粥

“胖头”豆腐

“胖头”豆腐是九里一道名菜。白烩鱼头烧好后加上豆腐，烧开即可食用。既不失鱼头的美味，还增加了豆腐的鲜味。九里人把这种烧法称为“胖头”烩豆腐。

大麦粥

大麦粥是丹阳人家家户户喜爱的美食，尤其是夏天，喝大麦粥既解渴又饱肚。大麦粥做法简单，在稀饭即将烧好时将大麦粉和成糊状倒入锅中，再加适量食用碱，搅拌后烧开即成香味浓郁的大麦粥。九里大麦粥种类多，有光棍大麦粥、山芋大麦粥、番瓜大麦粥、咸大麦粥等。大麦粥里有时还加入团子，有米粑（粳米粉）团子、米屑（糯米粉）团子、面屑（面粉）团子、大麦粑团子等等。如今丹阳宴席上，大麦粥加面条成为主食标配。

全派头

九里人把到餐馆吃早饭称之为“过早”，食客吃全硝肉、蟹黄包、鳝丝面这三样的叫“全派头”。硝肉，即丹阳肴肉，用全瘦肉硝制而成，色泽粉红，既香又嫩且鲜。蟹黄包的馅是用蟹黄和瘦肉糜做成，皮薄、汁多，味特鲜。吃蟹黄包时，必须先将包子皮咬开一个小洞，然后将汤汁吸出，俗称“先开窗，再喝汤”。鳝丝面的鳝丝油氽以后再加汤汁烹饪，面煮熟后捞入碗中，再将带汤的鳝丝浇在面上，这样的面鲜香无比。

“十二、四、六”筵席菜肴

“十二、四、六”是旧时九里最为考究的筵席名称。要用12个碟子、4个盆子、6个大碗。12个碟子分别装各种干果、鲜果，4个盆子分别装猪耳朵、猪肚、猪肝、海蜇，6大碗是红烧鱼、百叶肉丝、杂烩（用料有金针、木耳、香干、肉皮、肉丝、鸡丝等）、红烧鸡或红烧肉（可以配茨菇或板栗）、红烧狮子头（劗肉），外加一样汤。汤一般是芹菜或青菜豆腐汤，稍好一点的是肚肺汤，最好的是鱼肚、鱼翅或海参汤。如果是用鱼翅汤的叫鱼翅席，用鱼肚汤的叫鱼肚席，用海参汤的叫海参席。

我们的中国梦
——文化进万家
福

9 习俗礼仪

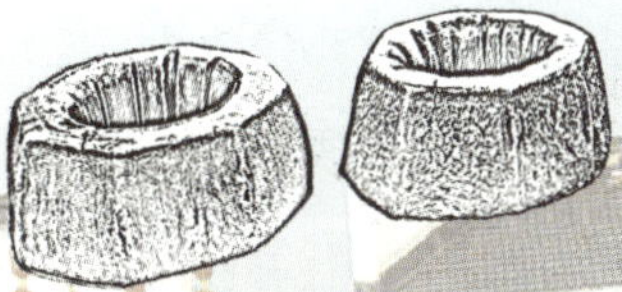

千年春秋流转，百代沧海桑田。九里作为中国传统文化村落，一代代先民在生产生活中培育了多姿多彩的民俗文化，在时令、节日、喜庆、生育、饮食、服饰、农耕、庙会、信仰、娱乐、社交等方面沿袭历史上传承下来的风俗，在传承中发展，在发展中传承。他们尊重“天时、地利、人和”，讲究“礼数、信仰、追求”，将美好生活的愿景散落在每一次或大或小的活动中、每一个或亲或疏的待人接物细节上。这些习俗中有适应当地气候、便于生产的农谚俗语，有传承优良品德、节俭实用的生活方式，有凝聚传统文化、隆重庄严的典礼流程，也有忙里偷闲、因地制宜的土味娱乐游戏。这些习俗礼仪成为烙印在九里人心中的乡愁记忆，也彰显着新时代、新风尚与时俱进的中华文化情怀。

岁时习俗

节气习俗

清明　这一天家家户户门上插柳条，各家都要到祖坟上加土筑坟和挖坟帽、烧纸钱。中午，还要摆起供品烧香磕头、烧化纸钱祭祀祖先。旧时，清明午后，会有好事者用大秤为村人称体重，俗称“称猪”。

夏至　夏至是“头莳”第一天，农家开始准备插秧。俗话说“吃了夏至饭，等雨秧门开”（旧时插秧大多要等天下雨）。这天中午，九里家家都要备办酒菜祭祀祖先，晚饭都要吃馄饨。据说，吃了馄饨可免疰夏，也有祈求“稳稳墩墩”插完秧的意思。

立秋　俗称“交秋”。九里地区的农民常以立秋日预测天气。16时前交秋为“公秋”，16时后交秋为“母秋”。公秋多阴雨，母秋则干热。交秋日，民间有吃西瓜、蒸馒头之俗。

冬至　九里人历来重视冬至，有冬至大似年之说。这天中午，家家户户都准备丰盛的菜肴祭祀祖先。有些人家有冬至“安家”习俗（在外面的人要在冬至前夜赶回家进屋过夜，俗称“安家”）。民间还有以冬至天气预测年内天气的说法，说是“干净冬至邋遢年”，又说是“晴到冬至落（下雨）到年，冬至有雨晴到年”。

春分、秋分　旧时，每年的春分和秋分，九里人有按宗族在祠堂里祭祖拜天习俗，族内各家都派代表参加，并备有十分丰盛的午饭。

节庆习俗

春节　农历正月初一，是汉族辞旧岁迎新春的大节日，习惯叫“过年”。早晨，九里家家户户都燃放鞭炮，人人穿上新衣服，小辈走门串户，向长辈拜年。长辈则以花生、瓜子、糖果、糕点、水果、香烟以及煮熟的枣子和鸡蛋（叫请吃“茶”）招待来拜年的小辈。过了初一，男男女女便开始走亲戚（叫“行亲”）送包。首先要到娘舅家拜年，其次是丈人家、姑妈家、姨妈家等。家家户户都准备丰盛的酒菜招待亲眷，到处都是喜气洋洋的景象。

汤圆

腊八粥

路头节（接财神）　九里民间称正月初五为路头节，家家都要接财神。这天凌晨，主人将准备好的猪头、整鸡、整鱼及茶食、水果等摆上供桌，放完“烧利市”鞭炮后，从门口往屋里面扫地，意谓把财气扫进家里面。

元宵节　旧时，九里人元宵节从正月十三开始，家家户户挂起彩灯（叫“上灯”）。正月十五是嘉贤大帝庙会，广场道路上竖彩旗，排仪仗，护卫嘉贤大帝神牌，文体表演队和锣鼓队各尽其能，绵延数百米。有的村庄组织灯会和“行灯”，燃放爆竹、烟火，还有舞龙灯、舞狮子、送麒麟等活动，热闹非凡。至正月十八元宵节才算正式结束，谓“落灯”。

中和节　农历二月初二称中和节，也称“龙日”，俗称“二月二，龙抬头”。相关人家会在这一天给婴儿理发、断奶，年轻人订婚、会亲等活动都喜欢选在这一天。

上巳节　农历三月初三是上巳节。俗称“三月三，荠菜花开赛牡丹”，九里民间有将荠菜花插在灶台上和门楣上的习惯，有些妇女还把荠菜花戴在头上。

端午节　农历五月初五为端午节，又称“端阳”。这天早晨，家家都吃粽子，以纪念爱国诗人屈原。中午，菜肴丰盛，喝雄黄酒，以求解毒消灾、四季平安。旧时，九里家家门上还要挂菖蒲、插艾草，墙上贴季子庙道士送的辟邪符画、钟馗和张天师画像，小孩子挂香囊，老板备丰盛的菜肴为雇工过节。下午，家长用艾叶、菖蒲烧水，为孩子洗澡。如今吃粽子依旧，其他习俗淡化。

天贶节　农历六月初六称天贶节，亦称爆阳节。据说这一天是皇家晒龙袍的日子，所以九里家家户户也在这一天晒冬衣，俗话“六月六，晒红绿”。妇女、孩子都用捣烂的凤仙花染指甲。外婆还要炒花生、炸“豆荚”

（油炸面食）送给外孙。

乞巧节　农历七月初七称乞巧节。传说这一天是牛郎织女鹊桥相会的日子，只要隐蔽在适当的地方，便可看见相会的牛郎织女。20世纪90年代始，七月初七演变为“中国情人节”。

中元节　农历七月十五为中元节。家家祭祀祖先。旧时，九里放牛仔有七月半唱山歌习俗，从七月初一到七月十五的每天晚上都绕村唱山歌，还向过往船只或行人募捐，筹集七月半聚餐和敬烧牛郎神经费。

中秋节　农历八月十五为中秋节，也称“团圆节”。九里人这天午饭比较丰盛，叫吃团圆饭，晚上吃月饼、赏月。节前女婿向岳父母送月饼及其他礼品（鸡、鱼、肉、藕、烟、酒等），以示孝敬。

重阳节　农历九月初九为重阳节，九里人有登高、辟邪、吃重阳糕的习俗，20世纪60年代后逐渐淡化。1989年起，这天被定为全国老人节，开展敬老活动。九里逐渐形成老人在这一天聚餐的风俗。

小春　农历十月初一叫十月朝，也称“小春”。这天，九里家家都吃“糯米饭”（用芝麻粘过的糯米糍团）。

腊八　农历十二月初八为“腊八”。这一天九里家家都吃“腊八粥”，有纪念抗金英雄岳飞这一说。岳飞腊月冤死风波亭，百姓悲痛，不想吃米饭，便在腊八这天用山芋、芋头、蚕豆、花生米、赤豆、绿豆等五谷杂粮混在一起煮咸粥吃，此俗流传至今。现代人在煮腊八粥时不光是五谷杂粮，有的还放莲子、红枣、排骨或肉丝。

小年　旧时的过年（春节）实际上从腊月廿四就开始了，即小年。俗话说“（廿五）吃了‘豆豆饭’，锣鼓咚咚哐”。传说腊月廿四是灶君上天奏报家事的日子，九里家家晚上设香案、供品，恭送灶君上天“言好事”，俗称“送灶”。

腊月廿五　九里家家都烧赤豆饭，先把赤豆饭用碗盛起，分别放至稻囤、米囤、大家具上面，俗称供龙，然后才能开饭。这一天，家家都要打扫屋内灰尘，俗称“掸尘”。

除夕　又叫三十夜，民间这一天最忙，因为春节里的大事小事，尤其是饮食方面的事，都要在这一天做好，以保证好好“过年”。九里人这天上午要贴对联，中午要祭祀祖先，下午要包馄饨、烧年夜饭，晚上要“接灶（君）”。年轻人聚在一起，敲锣打鼓、嬉笑打闹。长辈们围坐一起，叙旧话新，欢声笑语通宵达旦，谓“烘亮堂”，也称“戏夜”。

生活习俗

饮食习俗

九里人历来以大米、面粉为主食，伴以山芋、芋头、番瓜、胡萝卜等副食。中华人民共和国成立前，九里穷苦百姓过着“糠菜半年粮”的日子，甚至是吃了上顿没下顿，只有富裕农户才能吃到米饭。一日三餐通常是两粥一饭，早晚吃粥，中午吃饭。旧时，九里农民还有吃“下午茶”习惯。农忙时节，人们在下午三四点钟左右要添加一餐充饥。下午茶一般有炒屑、焖山芋、焖芋头、面饼、泡饭等。

进入21世纪，九里人饮食力求营养、健康、美味。早餐吃白粥、大麦粥外加鸡蛋、馒头，有的人喝牛奶、豆浆，吃烧饼、油条及各种糕点。中饭、晚饭以米饭为主，稀饭为辅。菜肴荤素搭配，饭后吃水果。村民宴请厨师到家中置办酒席，有的到集镇饭店或城里大酒店设宴。

穿着习俗

中华人民共和国成立前，九里村民多穿棉布衣，衣料以家机土布为主，即使有幸做一件“洋布”衣服，只有逢年过节或走亲戚时才穿。无论土布衣还是“洋布服”难得换新，“新三年，旧三年，缝缝补补又三年”。小孩衣服“新老大，旧老二，缝缝补补给老三”。穷苦人有的一辈子只穿到一件棉袄，有的一件棉袄穿三代，有的一条单裤就过冬，有的穿“套裤”。“套裤”只有两个棉裤管，没裤裆，用布带吊肩上。小富人家穿棉袍，罩长褂。大富人家，冬天有皮袄、皮袍。

20世纪50—70年代计划经济，棉布计划供应，家机布衣盛行，服色单一，一色灰，偶杂蓝和黄。式样单调，男人中山装，女人翻领衫。70年代末，化纤布料面市，家机布服装退出人们生活。

20世纪80年代起，村民穿着追求新颖、美观、舒适，式样不断翻新。进入21世纪，九里人服饰紧随大中城市出新。夏季服饰品种新颖多样，春秋装服饰令人眼花缭乱，冬天呢制服、皮夹克、羽绒服紧跟时尚。

劳动习俗

落谷栽秧

20世纪60年代前，九里农民种田有许多习俗。水稻浸种落缸时，缸盖上要加盖红纸、米筛，放上镰刀、剪刀等辟邪。落谷当天早上，户主或家里的主要劳力要吃发糕，祈求落谷高产；有的人还吃豆芽菜，祈求稻种下地粒粒有根有芽。落谷人要吃鸡蛋炒米茶，撒第一把稻种时，落谷人会说“说出来，下秧啰，一把稻种撒过江，千箩万箩动船装”

农民插秧

之类吉利话。

第一次插秧叫“开秧门”。拔秧时人们先拔3棵稻秧洗净后擦手，拔第一把秧时要背对太阳。插第一行秧时忌开口说话。栽插过程中忌互相用手接秧，扔秧把时忌将秧把扔到人身上，绑秧把的“秧缚草”不能随便乱丢，必须按进泥里。如果前耥栽秧人被后面人追上，叫“裹馄饨”，被裹人要“顶秧把”、吃“秧把水”。因而栽秧时你追我赶，争取不被“裹馄饨”。

栽秧最后一天叫“关秧门”。“关秧门”要在太阳落山时结束。关秧门时，栽最后一棵秧的人要待田里，等所有插秧人都上了田埂再插上。插秧结束后，主人或家里主要劳动力要沿田埂转一圈，并祷告稻神、田公田母、土地菩萨，保佑田禾丰收，带几个秧把回家，这叫“认家门”。带回家的秧把要放在门口墙边或晾在矮屋上面风干，传说烧成灰可治病。

栽秧结束，农民把水车、小车、罱泥船、秧夹等农具清洗干净，用桐油油漆一遍，名曰“洗泥”。当天午饭丰盛，晚上吃“捞面”。

养猪建圈

20世纪60年代前，九里俗语说：“养猪不赚钱，回过头来望望田。”猪厩肥是优质有机肥，农民种田离不开猪厩肥。农民建猪圈时有许多忌讳，不准人近前说话，铺圈地面必须由内向外，铺结束后，瓦匠要在下窠出口处撒泡尿。猪圈建成后，匠人应从猪圈门栏钻出，不得跨出猪栏（否则，猪会经常跑出圈外）。主人在猪圈上窠放三五个稻草把，并用钉耙压住，以示苗猪进栏分清上下窠。苗猪进栏，主人要点烛焚香放鞭炮“斋猪圈”，并自当晚连续用火把照3个晚上，谓之“照圈”，说能为猪消灾驱邪。每年除夕还要在猪栏上贴上福字以及猪神纸马，晚上还要用灯笼火把“照猪财”，以祈养猪发财。年初一喂猪时，猪食上要放上几只馄饨以示猪稳稳当当长大。

娱乐习俗

中华人民共和国成立前，九里民间娱乐形式多样。小孩娱乐有打弹子、抽陀螺、滚铁环、跳绳等。青壮年则举石担、撂石锁、练武术、下象棋等。最具特色的是冬春时节放风筝，大人小孩都喜欢，还有七月半的放牛仔唱山歌也热闹。

放“望司”

九里人把放风筝叫放“望司”。九里人扎的风筝不仅结构牢固、骨架轻盈，而且造型优美，富有乡土气息。常见风筝有廿四角、八角角、斗箩箩、亮月堂堂、乌龟背、蝴蝶，还有金鱼、蜈蚣、草纸“望司”等。一到冬春农闲时节，到处可见到大风筝、小风筝在天空起舞，蔚为壮观。九里人放风筝互相竞争，村西扎风筝，村东一定扎。村西扎了1个1丈2的，村东肯定要扎1丈3的。

风筝由用竹条扎成6个长方形框和作为风筝骨架的6根细竹竿扎制而成。扎好的风筝骨架正面糊丝绵纸，背面糊牛皮纸，装“头角”、接“挽脚”、系肚膛绳。“头角”上襻上响弓。风筝放上天空，“头角”上响弓“汪——汪——汪”地响个不停。夜晚，有人把许多点亮的小灯笼均匀地扣到风筝绳上。风把这些小灯笼沿着风筝绳吹出去很远，一盏接一盏，俨然一条条向夜空的火龙，九里人称之为放遥灯。

唱山歌

九里流行农历七月半放牛仔唱山歌习俗。每年农历七月初一开始至七月十四，放牛仔和青年雇工们每天晚上排着队绕村唱山歌。行船的、贩牛的、做生意的经过该地，放牛仔都会向他们募捐“香钱”。

七月十五傍晚，放牛仔聚集，把煮熟的猪头、公鸡和煎熟的鲤鱼等菜肴供奉在牛郎菩萨面前，点烛焚香，磕头祭拜。“砰——砰——砰”三声铳响后，放牛仔排队绕村，随着唱歌郎唱山歌。唱歌郎唱一句，放牛仔和一句。山歌有劝人戒赌博的《十二张铜》、诉说年轻女子对亡夫思念之情的《十二月亡郎》、控诉长工受雇主剥削欺压的《十二月张先》等。放牛仔唱山歌绕村两圈后，便回村里聚餐。

人生礼俗

嫁娶习俗

旧时婚姻，均凭“父母之命、媒妁之言”，由媒人说合、父母同意后，女方写出生辰八字，由媒人送至男方，俗称“送年庚”。男方再请阴阳先生“合八字”（称“合年庚”）。如“八字”相合，便讲好礼金，择日订婚。

结婚前一天，男方将约定数量的鱼、肉、鸡、酒、香烟和女方备酒的厨工钱（俗称厨灶封）、开门钱、梳妆钱等由媒人送至女方，派人到女方运回嫁妆，布置好新房。女方父母事先准备好嫁妆，在嫁妆箱里放上“压箱钱”。

结婚当日，媒人带领男方打灯笼、举火把，用花轿一路吹吹打打（乐书班）把新娘抬回家。新娘进门脚不粘土，门口铺上麦草或红地毯，公婆回避。新郎新娘拜过天地、高堂和夫妻对拜后，新郎挽着或抱着新娘入洞房，亲友们“送新房”。主家摆上三四张八仙桌，桌上摆起酒菜，请全村童男，一边唱祝酒词（俗称发利市），一边向新郎敬酒，以示庆贺。送完“房”之后，亲朋好友便簇拥着新郎边走边发利市，将新郎送入洞房。接下来是“闹新房”，俗称“送小房”，让新郎新娘喝交杯酒，有人提着灯笼、发着利市“看新娘”，从头看到脚后，结婚仪式结束。

婚后三天，女方派出小辈向男方送面条、笤帚、马桶帚、棒槌等物件，谓之“点招”。男方给女方小辈“见面钱”。新郎择日随新娘“回门”，拜见岳父母，谓之“回亲”。女方写出请贴宴请女方兄嫂、姊妹、舅姑等亲戚。席间，新郎陪着新娘谒见长辈亲友，敬烟敬酒。长辈给新郎发“叫钱”。

进入21世纪，人民生活水平提高，结婚条件随之提高。从婚房装潢，到家具购置，从新娘穿着、婚宴、酒水菜肴，到婚礼仪式，都表现新时代特色。

生辰礼俗

催生　民间称“产生”。女儿怀孕分娩前一个月，娘家为其送草纸、红糖、甘草、催生饼。催生饼为菜馅（拌有黄豆粒）面饼、豆沙馅糯米粉饼（夹有枣子），20世纪90年代起改送时新糕点，祝孕妇平安分娩，早生

婴儿交周

贵子。

三朝　婴儿出生后3天，外婆给新生儿送“毛衫”、尿布、“喜菜”（素杂菜），俗称“会三朝”。如果生的是男孩，主家会请全村人吃“喜菜”。

看产妇　俗称望月子。婴儿出生1个月内，亲友都要送鸡蛋、馓子等，有的则送猪肚、蹄膀等。后来又改成送钱。主人家用馓子、鸡蛋为回礼。

满月　婴儿出生满1个月，办“满月酒”宴请亲朋好友。外婆家送糕团、馒头、粽子、鞭炮和婴儿的衣帽、鞋袜、披风等，人称“满月担”。亲友要送贺仪。满月仪式是将置备的糕团、点心等供奉在灶神前，点烛焚香，燃放鞭炮，为婴儿剃去胎发。有的人家将胎发揉成团，用红布包起来挂在床前，此俗一直延续至今。

交百露　婴儿出生100天时，外婆家送爆米花、花生、糯米饭。午饭后有人抱着孩子或把孩子放在坐车里，将外婆家带来的爆米花从婴儿头顶倒下，让邻家孩子抢吃。

交周　婴儿出生1周年称“交周”。外婆家馈赠衣帽、鞋袜、面条、点心、鞭炮等，亲友送红包或礼物。主人家宴请亲友，将“交周面”（煮好的面条）分送邻居。婴儿举行“抓周”仪式，以试探了解孩子未来兴趣。此俗延续至今。

生日　九里人十分重视家人诞生日。50岁以下叫“做生日”，50岁以上称“做寿”。每逢生日，小庆吃面、吃蛋糕。大庆举行隆重的祝寿活动。

20世纪80年代起，九里人过生日、做寿之风渐浓，尤其重视10岁、30岁的生日。

小孩10岁生日，外公外婆送蛋糕、喜面、烟花爆竹、书包、鞋袜衣帽等，有的送自行车或红包。孩子父母准备宴席招待随礼的亲朋好友。

九里俗语道“三十不做，四十不发”，男子30岁生日必须做，岳父母送上高档服装和生日必备烟花爆竹，有的还馈赠名贵手表和笔记本电脑。主人家备上丰盛酒席，宴请岳父母和随礼亲朋好友。

60岁老人寿诞庆典由子女承办，亲朋好友送上红包或礼品。祝寿时，大厅中央设寿堂，寿台上设香炉烛台，寿星身穿吉服点烛焚香，先敬灶君，后到堂前向外敬天，向内敬地，再坐到厅堂寿椅上，在鞭炮声中接受儿子媳妇、女儿女婿、孙子孙女等晚辈跪拜，发给小辈们喜钱（红包）。寿诞结束后，主人家为亲戚、乡邻分发鸡蛋、面包、寿面等。

九里有“六十六，要吃女儿家烧肉”传统。父母六十六岁，女儿要备上一碗切成6大块6小块的红烧肉作为父母家宴主菜。

70岁以上乃至100岁祝寿方式更加隆重，宴请范围更广。

丧葬礼俗

中华人民共和国成立前，九里地区人去世后丧葬仪式繁琐，迷信色彩浓。

旧时治丧一般为3—5天。有时为避“七不出、八不归”忌讳，时间更长。

出殡前，家属需向乡亲乞讨谷物，放入布袋俗称兑“五谷仓”。出殡时，死者子女、儿媳等均披麻戴孝，腰系草绳。孝子还要戴上夜壶襻帽（稻草编成，额前和左右还挂有3朵棉球），手拿用黄纸包好的短杨树枝（俗称“哭丧棒”）跪在灵前，哭以志哀。灵柩出门后，帮忙人把死者的床草及破旧用物烧于送葬者回头必经路口，俗称“烧回杠”。送葬者回来不走原路。经过火堆时，都要抬腿跨火而过，俗称“跨火”。所有送葬者均需回主人家喝红糖茶。

中华人民共和国成立后，丧葬仍沿袭旧俗。20世纪60年代，木材紧张，改用水泥棺材。80年代初，殡葬改革，改土葬为火葬，丧葬仪式简化，但报丧、入殓仪式依旧，戴孝、哭丧、烧七等沿袭旧俗，且用吹鼓手。死者如是60岁以上老人，家属备办“喜碗”，让乡邻随意拿取，以沾长寿之光。

1996年，行宫镇政府在北岗建起骨灰堂，集中存放死者骨灰盒。

社交礼仪

人情往来

又称“送礼”。凡遇嫁娶、寿庆及其他喜事，或丧葬、灾祸等重要事情，亲朋好友都得向相关主人馈赠礼物或礼金。九里人重人情，即使经济困难也设法应付。旧社会就流传着“人情逼似债，头顶锅要卖”顺口溜，反映人情交往的重要性。随着经济的发展，人情的数额也不断增加。

送夏　女儿出嫁后第一个端午节前，娘家要为出嫁女儿赠送凉席、凉枕、凉帽、扇子、洋伞、夏季衣服及糯米粽子、点心等。新生婴儿出生的第一年，外婆为使婴儿平安度夏，会在春末夏初送上摇篮、蚊帐、坐车、痱子粉、尿不湿等夏令用品，这些均谓之“送夏”。

送望秧包　旧时，插秧结束，九里的女儿、女婿要备上红糖、红枣、桃酥、绿豆糕、桂圆等食品送到娘家去，谓“栽下黄秧，看看老娘”，俗称送“望秧包”。此俗一直延续至今。礼品大多是酒、烟及滋补品。有的则送红包，让丈人、丈母娘自购所需。

送中秋包　分新亲和老亲。新亲指已订婚的女婿，老亲指结婚3年后的女婿。新亲备礼隆重，不仅要有鸡、鱼、肉、月饼、藕、百合等，还要有酒烟、红包等。老亲相对随意，心意到即可。进入21世纪，高档滋补品、红包成为中秋常礼。

出见面礼　新婚夫妇双方长辈第一次接受新婿、新媳妇以正式关系称呼时，要出见面礼。新生儿第一次去至亲好友家，对方长辈要给见面礼。少则几百，多则千元以上。

分家　九里人兄弟之间分家先由父母制定方案，与儿子们商量好后，再请舅父、伯父、叔父作为见证人。立分家“契约”，签字画押。房屋分配遵循“哥东弟西”或“哥南弟北”的原则。兄弟之间如认为财产分割不当，舅父协调有绝对权威。协调一致后，签订契约，择吉日分灶。

分灶日，岳父家为立新家的女儿、女婿备置碗橱、蒸笼、钵子、灶铁（烧火叉）、碗盆等用具，送上烧好的荤素菜6碗，备馄饨、面条和细（喜）团若干，带豆萁、麦草、芝麻秸秆等各1捆，高升（大爆仗）6个，鞭炮1挂。新灶砌成，父母为其举行“供灶礼”，新灶台上置供品、插“金花”，点烛焚香跪拜灶君，燃放鞭炮。

宾主交往

九里民间重视人际交往礼仪。早上见面互相打招呼“早”“你好”。熟人相见互相握手，会抽烟的男士会互敬香烟。到访亲朋先敲门，主人用“请进”“欢迎光临”“请坐”等词示客气。客人到家，主人先泡上茶，双手奉上。沏茶待客时忌满杯，斟至杯深三分之二处。放置茶壶，壶嘴不对着客人。主人斟茶添水，客人欠身子双手护住杯子说“谢谢”，或欠身站起来双手接过茶杯说“谢谢”。客人告别，主人送出家门口几步说“慢走”“走好”“常来玩”。客人扬手告别说“勿送”“再见”。

宴请客人时，即使菜肴极丰盛，主人通常会说“家常便饭，没什么菜”，以示好客之意。宴请就座坐北朝南为上座，且左首（东边）为上上座，人们互相谦让。若6人为席，不对称而坐，以避“龟席”不吉。给客人敬酒先敬上座，然后按顺时针方向依次敬酒。主人或首席先执筷，客人方可动筷，否则为失礼。不越位夹菜，不挑精拣肥翻动碗盘中菜肴。夹菜时不能将汤滴在餐桌上，不能握住筷子盯住菜肴，不能将菜肴夹住又放下。不能用筷当牙签在嘴里挖剔异物，用牙签剔牙应用另一只手遮住嘴巴。如先用餐完毕，应起身用筷子示意同桌“各位慢慢吃”，并将筷子整齐地放在自己的碗上，以示陪同其他客人用餐，不贸然离席。

季子圣像
延陵有宝剑 价重千

10 名人乡贤

九里村人杰地灵，人才辈出，群星闪耀。中华人民共和国成立前，有14位大学生，其中有博士2人。有的定居国外，有的任职国内，其中有的成为化工、电力、铁道专家。抗战时期，70余名热血青年投身于抗日战争，有40余名有志之士加入中国共产党，其中有26人血洒疆场。

中华人民共和国成立后，40多位抗战老兵任职于军队或地方，其中有福州军分区司令员陈龙泉、卫生部科委主任郦燮昌。新中国培养的九里籍大学生中有博士5人、博士后2人，其中有中国船级社实业公司总经理、港珠澳大桥总监理工程师程志虎，电力自动化专家程中华，南京师范大学文学院教授、文化学者郦波，他们都是九里历史文化传承者和优秀代表。

人物传略

韦 昭

韦昭（204—273），字弘嗣，曲阿延陵人，丹阳延陵九里韦氏始祖。

韦昭是三国时期史学家，著有《国语注》《孝经注》《吴书》《博弈论》等。其刚正不阿，被后世誉为“三国司马迁”。

三国吴建兴元年（252），会稽王孙亮即位后，诸葛恪推荐韦昭为太史令。景帝时，任中书郎、博士祭酒。乌程侯孙皓即位后，封他为高陵亭侯，迁中书仆射、侍中，领左国史。

韦昭历经东吴四代帝王，是中国古代从事史书编纂时间最长的史学家，他撰写的《吴书》成为《三国志》中吴国史料主要来源。

孙皓命韦昭为其父孙和作纪。因孙和没有做过帝王，韦昭以“文王不宜为纪，但宜作传”为由屡次拒绝，因此孙皓对韦昭一直耿耿于怀，数加刁难，动辄训斥。后来，孙皓终于找了个借口把韦昭关进大牢，最终韦昭被害于狱中。

2005年，延陵韦氏族人及苏南韦昭后裔筹资在延陵彪塘韦昭墓——九女墩前建造“昭公亭”，以志纪念。

殷仲堪

殷仲堪（？—399），东晋名士，著名官吏、将领，丹阳延陵九里殷氏始祖。

殷仲堪是玄学名士，能清言，善属文、工书，与从兄觊均以擅文学著名，各有著述。《隋书·经籍志》著其纂有杂论95卷，并行于世。另撰有《殷荆州要方》，已佚。

殷仲堪任晋陵太守时，曾到延陵季子庙拜谒，撰有《谒季子庙碑记》，对季札家族和季札生平事迹叙述精到，文辞优美，是迄今为止有关延陵季子庙最早的文献记载。此文曾被刻成石碑，竖立在延陵季子庙，因年代久远湮没。

隆安三年（399），殷仲堪在与桓玄争夺中战败被俘，被迫自杀。殷仲堪生平仰慕延陵季子高风，其子殷简之遵嘱扶柩归葬延陵季子庙后，其族人遂在墓旁筑庐而聚。从此，殷氏以季子庙为中心，繁衍成为地方望族。明代，殷仲堪墓尚存，后因战乱等因素湮灭。

郦炳耀

郦炳耀（1894—1922），又名炳孝，九里旧县村人，民国时期大学生，地方知名人士。

郦炳耀生于富裕农民家庭，自幼聪颖，勤奋学习，考取苏州东吴大学法科。1921年8月，第三届江苏省议会成立，郦炳耀当选为省候补议员。

郦炳耀为人正直，仗义执言，经常为乡民主持公道、调解地方纠纷，因此得罪地方豪横。1922年，郦炳耀回乡探母，被刺身亡。其家人多方申诉未果，后不了了之。

郦炳焕

郦炳焕（1900—1974），九里旧县村人。早年毕业于交通大学，参与国家铁路建设。中华人民共和国成立后，任铁路局会计师，为中国铁路建设事业作出贡献。郦炳焕热心家乡公益事业，民国时，曾出资建旧县村小学和丹阳城西中学（原名中正中学，1949年后改名正中中学）。

陈龙泉

陈龙泉（1915—2005），九里张庄村人。1935年参加革命，参加贺甲战斗。历经抗日战争、解放战争，从普通士兵逐级升迁至正师级。中华人民共和国成立后，任福州军分区司令员。

郦燮昌

郦燮昌（1921—2015），九里旧县村人。1938年，参加抗日青年团。次年，加入中国共产党。历任九宝区委副书记、句容县一区单线联络员负责人、镇句县一区区委书记等职。随新四军北撤后，在新四军两淮盐务管理局任运输科科长、营业科科长、站长等职。解放战争开始后，被调至山东任支前工作队队长。后调至大连，任干部供给科科长。解放战争进入反攻阶段后，他参加华东野战军南下干部先遣队，随大军南下。历任定、凤、怀县县委委员兼政治教导员、干部工作队队长及镇江地委巡视组组长。

1950年，他被调上海，历任华东人民革命大学班主任，华东军政委员会调查研究室主任，上海生物制品研究所党委书记兼副所长、所长等职，被评为高级经济师。1978年，任卫生部科学委员会专题委员会副主任。1983年，任华东协作区计划免疫委员会主任委员。1985年离休，享受司局级待遇。

邓　平

邓平（1924—2009），小名海川，九里蒋庄村人。1938年参加革命，并加入中国共产党。1939年春任丹二区区委委员，负责青年儿童工作，后历任丹金武和镇金特区工委、金北和建昌等区区委书记。次年底，参加茅山地区特委组建的干部短枪队，历任班长、队长等职。1941年始，历任镇江县委委员及青妇委员会书记、丹阳县委委员、青妇委员会书记及青年部长、青救会主任等职，后调任麦溪区和九宝区任区委书记兼区长。1943年秋参加苏北整风学习后，调至郎溪、广德和句容等地工作，至新四军北撤。解放战争时期随华野转战南北。

中华人民共和国成立后，他先在华东局工作，后调至无锡市，历任中国人民银行无锡市分行行长、无锡市政府秘书、纺工局局长、科委主任等职。1985年离休。

陈书坤

陈书坤（1925—2009），九里张庄村人。1943年参加新四军，并加入中国共产党。历经抗日战争、解放战争。1950年赴朝参战。正团级转业后，任职杭州铁路局机务段党委书记，直至离休。

韦金发

韦金发（？—2009），九里韦甲村人。因家境贫寒，从小就外雇为放牛仔。过早的体力劳动，长年的营养缺乏，加之疾病困扰，致使他的身高一直停留在1.2米。

1938年6月，陈毅带领新四军来到茅山地区建立抗日根据地，韦金发积极投身于抗日救国。翌年10月，加入中国共产党，担任茅山地区地下通讯站站长。他利用自己身材矮小、形似孩童的特殊优势，负责茅山根据地新四军司令部与延陵、九里地区联络。在递送机密文件、情报时，有时骑在牛背上，有时睡在摇篮里，或混迹于村民劳作之间，或混迹于儿童群里打弹子、捉迷藏，躲过日伪军一次次追捕，是一名远近闻名的新四军交通员。

1942年9月，在新四军46团1营攻打上党伪军据点及1944年4月16日茅东县警卫连攻克延陵伪军据点时，他所提供的情报准确无误，为两次战斗胜利作出贡献。1945年10月，新四军北撤后，他担任茅东县武工队队长，兼任薛晓春的地下交通员，一次次完成艰巨任务。中华人民共和国成立后，韦金发被安排在延陵区政府工作，享受行政17级待遇，直至离休。

程中华

程中华（1946—2014），九里村人，教授级高级工程师。1965年2月参军，1969年10月加入中国共产党。1967—1969年，在中国人民解放军宣化通信士官学校学习。1971年，转业至天津市塘沽区市政建设工程局任武装部部长。1972—1975年，在天津大学电力自动化系学习。1975年，毕业分配至天津市化工设计院工作，在电力与机电工程设计、大型高压输变电自动化工程设计与施工安装领域有精深的造诣，先后担任电力设计组组长、主任、常务副院长，兼任天津市化工设计院电力设备厂厂长。1995年，获得天津市“五一劳动奖章”。

1974年，被选拔参与国家重点水利工程——刘家峡水电站110千伏安大型高压输变电系统设计。1975年2月5日，《人民日报》头版头条对此长篇幅报道。

1984年，承担对外经济贸易部所属天津对外贸易学院建设工程电力及通信项目主设计，其中阶梯教室同声传译系统设计获化工部及外经贸部优秀设计金奖。

1986年，承担天津市化工局“八五”期间重点发展的有机化工基地项目——天津市中河化工厂年产量万吨顺酐工程主设计，受到化工部通报表彰。

程中华担任天津市化工设计院常务副院长后，创建规模电力设备制造企业——天津市化工设计院电力设备厂。他在电力设备设计、制造和安装领域，主持和参与多个重大电力工程项目，为国家电力事业发展做出贡献。

韦洪瑜

韦洪瑜（1947—1996），九里韦甲村人。1964年，在柳茹中学（今延陵中学）高中毕业。翌年9月，应征入伍。先后任职济南空军十二师训练处参谋、秘书科秘书，济南军区空军司令部军训处飞行训练科副科长、科长，训练处副处长和空军航空兵第五师参谋长，大校军衔。1994年9月转业，任镇江市工商行政管理局党委副书记。

韦福林

韦福林（1954—2005），九里韦甲村人。1972年参军。1978年退伍后，任村干部。改革开放后，他承包55亩广慈塘水面进行水产养殖，兼生猪养殖。当年亩产成鱼425公斤，总产值2.4万元，出栏生猪200头，创利3.5万元。

1992年，广慈塘招标养殖，韦福林中标。韦福林敢闯敢干，将原55亩水面扩至331亩，鱼、蚌、鳖、猪、草立体养殖。当年出产成鱼9.5万公斤、种鱼2.5万公斤、珍珠250公斤，产值67.5万元，利润16余万元。他出让水面，提供鱼种和资金周转，帮扶3户贫困户脱贫致富。

1991年，韦福林被评为镇江市劳动模范、江苏省劳动模范，担任五星村党支部书记，带领村民共同致富，主持整修、设立贺甲战斗纪念馆。

人物简介

韦秋虎

韦秋虎，1938年7月生，九里韦甲村人，中共党员。1960年，就读于江苏省丹阳中学。1963年，考取北京航空学院，毕业后留校，先后担任讲师、副教授，北航出版社副总编、软件部主任等职。

陈寒梅

陈寒梅，女，1941年生，九里张庄村人，1966年毕业于北京邮电学院无线电工程系通讯与广播专业，大学教授。1967—1973年，在新疆阿克苏地区邮电局工作。1973年，调至南京邮电学院电信工程系任教，致力于教材编修，所著教材有《模拟集成电路》《锁相原理及其应用》《电子、电路（非线性部分）》等。《用于地下建筑物的导呼中继器》《PLL频率合成器在数字无线电话中的应用》《适应低功耗电路需要的直流辏直流变换器》《巨型千兆比特网的管理》等7篇论文、译文发表于南京邮电学院《学报》《译丛》《江苏通讯技术》等刊物。

韦木升

韦木升，1942年生，九里韦甲村人，中共党员。教授级高级工程师，国家公派为美国加州大学访问学者（两年），省部级先进工作者，部直属研究所所长（正厅级）。1960年7月至1965年6月，韦木升入伍，后保送就读哈尔滨军事工程学院。1965年7月至1969年11月，在国防科工委石家庄1019研究所（现54所）工作。1969年12月至1982年5月，在陕西凤县1035研究所工作。1982年6月至2002年12月，在河南驻马店1027研究所（1994年迁至河南郑州）工作。历任研究所技术员、研究室主任、所长助理、副所长、所长等职。2002年12月退休。2015年回原籍定居。

贺东根

贺东根，1954年生，九里贺甲村人，中

共党员。先后任贺甲大队、五星村党支部书记。五星村并入九里后，任九里村党委副书记，兼管贺甲祠堂和贺甲烈士墓。他不厌其烦热情接待凭吊烈士人员，管理井井有条。退休后，一如既往坚持工作。2016年，被评为“江苏好人”。

郦仲贤

郦仲贤，1956年2月生，九里旧县村人。毕业于解放军陆军指挥学院，是江苏省书画家协会会员、江苏省书法研究院特聘书法家、中国建设工程造价管理协会专家委员会委员、中国资深注册会计师、中兴华会计师事务所江苏分所副董事长。

郦仲贤自幼酷爱书法，长期摹习历代名家墨迹，读帖、临帖，研习古人用笔用墨之道，师从书法家言恭达。其书法作品曾获国家审计署和中国书法家协会书法篆刻作品展一等奖、财政部和中国文联书法篆刻作品展二等奖。书法作品入选《中国当代书法名家墨迹》《全国审计系统书法绘画摄影展作品集》，多次刊登于国家级刊物，被省内外多家博物馆、纪念馆收藏。

程志虎

程志虎，1962年生，九里村人。双博士学位、高级工程师、全国五一劳动奖章获得者，享受国务院政府特殊津贴。1985年，获哈尔滨船舶工程学院硕士研究生学位，考入上海交通大学攻读“海构力学”和“无损检测与评价”两学科博士，是中国培养的NDT＆E领域第一个博士。首届中国桥梁文化周，程志虎荣获全国“十大桥梁人物”称号，是中国交通建设监理行业唯一获此荣誉的监理工程师。

1983年起，先后担任中国交通建设监理协会副理事长，CCS上海海事发展有限公司副总经理、中国船级社实业公司总经理，先后领衔承担厦门海沧大桥、武汉军山长江大桥、重庆鹅公岩长江大桥、江阴长江大桥、润扬长江大桥、杭州湾大桥、重庆菜园坝长江大桥、重庆轻轨三号线——菜园坝大桥同步建设工程、港珠澳跨海大桥等数十座特大型桥梁和国家重点工程项目的监理、检测和评估工作。

至2021年，他先后在国内外杂志和期刊上发表学术论文60余篇，参与《美国无损检测手册射线卷》翻译，编著《水下无损检测》《T、K、Y管节点焊缝的超声波探伤技术》及《质量管理体系审核员培训教材》等专业著作。被业内人士誉为“水中龙”“陆地虎”。

陈二才

陈二才，1963年生，九里张庄村人。1985年毕业于南京师范大学。1995年，获中国科技大学理学博士学位。1995年9月至1997年10月，研读南京大学天文系博士后。2001年11月至2003年6月，于德国科隆大学数学研究所做博士后。现为南京师范大学高级教授、博士生导师、校学位评定委员会委员。

陈二才主要从事动力系统和分析几何研究，在国内外学术期刊发表学术论文60多篇，主持5项国家自然科学基金面上项目开发，参加1项国家自然科学基金重点项目和3项科技部973项目研究。曾任国家科学技术奖励工作办公室会评专家、江苏省数学高考命题专家组副组长。

戴建枰

戴建枰，1968年生，九里张庄村人，博士后，研究员，博士生导师。1986—1994年，在清华大学攻读学士和硕士学位。1997年，在中国科技大学获工学博士学位。1997年10月至1999年9月，在中国科学院高能物理研究所从事博士后研究，并工作至今。其间，参加上海光源预制研究，数次赴美国、日本和德国参加相关合作研究。

他从事的研究领域为大型加速器的R＆D和工程建设研究，负责项目包括上海光源直线加速器聚束系统研制、北京自由电子激光装置搬迁改造工程、自然科学基金重大项目子课题“光阴极微波腔的研制和总体实验”、973项目子课题“高增益短波长自由电子激光束流诊断技术研究”、中国科学院战略先导专项——先进核裂变能-ADS嬗变系统低β超导轮辐腔研制等。培养博士和硕士研究生9人，发表期刊论文和会议论文40多篇。

郦　波

郦波，1972年生，九里旧县村人，南京师范大学中国古典文学与文化专业博士，《中国诗词大会》特邀点评嘉宾，国内首位文牍学研究方向博士后，现任南京师范大学文学院教授、博士生导师、国务院海外讲学特聘专家、教育部全国公开课讲座教师、全民阅读形象大使，为全国知名文化学者。2009年10月起，先后在央视《百家讲坛》主讲《风雨张居正》《抗倭英雄戚继光》《救时宰相于谦》《清官海瑞》《曾国藩家训》《五百年来王阳明》，是最受欢迎的主讲人之一。同时在中央电视台《中国成语大会》第一季，《中国汉字听写大会》第一、第二季，《中国诗词大会》第一、第二、第三季担任嘉宾。受邀出任贵州卫视《最爱是中华》、河北卫视《中华好诗词》、山东卫视《国学小名士》、云南卫视《中国灯谜大会》等特约文化嘉宾。2018年4月20日，在美国纽约联合国总部出席“2018联合国中文日”活动，做“国学中的人生智慧”专题演讲。

郦波先后出版《宋元明清那些爱》《风雨张居正》《抗倭英雄戚继光》《清官海瑞》《救时宰相于谦》《郦波评说曾国藩家训（上下册）》《曾国藩教子十法》《五百年来王阳明》等专著二十余部。其中，《五百年来王阳明》入选“2017年度中国好书”。

表4

九里行政村部分名人表

（按出生年份排序）

姓　名	出生年份	出生地	工作单位/职务/职称
郦汉章	1912	旧县村	解放军化工专家
黄若连	1915	张庄村	浙江省交通厅副厅长
郦炳汉	1915	旧县村	兰州铁路局工程师
郦荣贵	1915	旧县村	南京钢铁厂财务处处长
马仲英	1918	旧县村	留英回国，五官科专家，曾任杭州市人民医院副院长
汤年宝	1918	旧县村	安徽当涂铁矿矿长
郦根元	1918	旧县村	上海复旦大学教授
郦四二	1919	旧县村	安徽省马鞍山市委书记
陈赦金	1921	张庄村	长春第一汽车制造厂科长（县团级）
郦正邦	1921	旧县村	南京钢铁厂财务处处长
郦须元	1921	旧县村	南京农业大学教授
郦宗元	1922	旧县村	内蒙古乌海市海勃湾矿务局总矿长、工程师
郦景元	1923	旧县村	浙江省水产公司副处长
汤稚辉	1923	旧县村	苏州市轻工业局局长
汤正发	1925	旧县村	抗日战争时期新四军营长，原河北省邢台市某厂厂长
潘志平	1928	岗村村	上海江南造船厂工程师
郦洪瑞	1928	旧县村	上海市轻工业局科长
郦金兰	1929	旧县村	福州市公安局局长
郦小友	1931	旧县村	南京528厂党委书记
郦书元	1932	旧县村	文化部电影技术研究所研究员
陈志学	1932	旧县村	安徽马鞍山市人大常委会主任
吴金兰	1933	旧县村	上海人民印刷厂经营部经理

续表

姓　名	出生年份	出生地	工作单位/职务/职称
邓天生	1936	蒋庄村	石家庄市煤矿机械厂党委书记
周通生	1936	九里村	湖南省衡阳机械厂厂长
马叶坤	1936	九里村	泰州市供电局局长
蒋优德	1937	蒋甲村	湖北省宜昌市建材局局长
郦家瑞	1938	旧县村	上海市物价局局长
张金坤	1939	九里村	郴州市汽车厂厂长、书记
郦中俊	1940	旧县村	中国石化扬子石油化工有限公司干部处处长
汤怀西	1942	旧县村	河北省电子厂厂长
陈须生	1944	张庄村	长沙市卷烟厂厂长
贡乾坤	1946	九里村	镇江市高等专科学校丹阳校区副教授
姜招虎	1953	韦甲村	上海国际文化影视公司经理
陈和胜	1954	九里村	镇江市监察局主任
汤国辉	1960	旧县村	南京农业大学教授
周海燕（女）	1960	九里村	外交部驻意大利领事馆副领事
陈建中	1963	张庄村	中国税务报社记者
贡庚泉	1965	九里村	中国驻澳大利亚、英国大使馆商务参赞
贡培英（女）	1967	九里村	美国麻省理工学院毕业，留美
郦　斌	1967	赤石岸村	中央军委国防动员部动员征集局局长
邓云岚（女）	1967	蒋庄村	高级工程师、江苏省测绘工程院纪委书记
邓月仙（女）	1968	蒋庄村	海军军医大学教授、博士
贡建英（女）	1968	九里村	中国动画学会副会长兼秘书长
郦锡梅（女）	1971	旧县村	镇江市公安局党委副书记、政治部主任

贺甲战斗：延陵大捷

陈毅在九里发表抗日讲话

陈毅驻足九里

1938年5月，陈毅、张鼎丞分别率领新四军第一、第二支队离开皖南挺进江南。6月，陈毅率部到达九里。他对茅山的战略地位、丹北的抗日自卫总团和丹南的延陵常备队等抗日地方武装十分重视，一到这里就四处打听管文蔚情况，准备派人联络。管文蔚得知新四军到达苏南，即派朱世俊、虞景柯等4人前往延陵寻访新四军，陈毅在宝堰接见他们。9天后，管文蔚亲自到延陵，陈毅会见管文蔚。陈毅说："我从延安来，中央交给我的任务：一是要在江南打几个胜仗，建立我军的威信；二是严格执行三大纪律八项注意，把广大群众争取过来；三是做好统一战线工作，争取有影响的上层分子。"新四军与丹北抗日自卫总团联手，取得新丰战斗胜利。

陈毅的足迹遍布九里各自然村，留下许多鱼水佳话，与九里民众结下不解之缘。九里、旧县、张庄等村庄是他经常工作的地方，许多村民都认识他，一些人跟他交往密切。在旧县村，陈毅为争取地方士绅支持抗日做了大量工作。有一个叫马其挺的富户，经过陈毅多次做工作，终于倾心支持抗日，而且成为（镇江、句容、丹阳、金坛）四县抗敌总会委员。1939年9月，为推进减租减息工作，陈毅在九里召开地方知名人士和乡绅动员大会。会后，九里商会宴请与会者，陈毅在宴会上即席赋诗，盛赞九里民众的抗日热情。随后，丹二区减租减息工作在蒋庄村试点，其工作经验在丹二、丹三区推广。陈毅与抗日民主政府九里乡乡长鞠步云过从甚密，每从茅山根据地前往延陵途经九里时，总要到他家做客。贺甲战斗结束第二天，陈毅亲临贺甲村调研，走访群众，了解战斗情况，踏勘战场地形，总结经验，高度评价贺甲战斗。

附一：九里村抗战老兵

抗日战争时期，九里村所属村庄参加新四军的热血青年有70余人，除名人介绍中的有关人物和烈士名录外，经调查还有以下诸前辈。

周荣哲，又名生贵，九里旧县村人。1938年加入中国共产党，中共旧县村支部第一任书记。

邓效法，九里蒋庄村人。1938年加入中国共产党，中共蒋庄村支部第一任书记。中华人民共和国成立后，在行宫公社供销合作社主任任上退休。

郦老三，九里旧县村人。抗战时游击队员，当过陈毅司令员警卫员，曾几次在险境中为陈司令解围。

郦六升，九里旧县村人。抗战时游击队员，一直留守苏南。中华人民共和国成立后，在苏州粮食部门工作，直至离休。

黄金保，九里旧县村人。1941年参加新四军，曾任过新四军连长。

蒋川宝，九里蒋甲村人。1940年参加新四军。参加过抗日战争和解放战争，曾任解放军某部副营长。中华人民共和国成立后，转业至延陵区政府任副区长等职，后因淮海战役时耳朵被炮声震聋不能胜任工作而离职。

邓毅，九里蒋庄村人。抗战初期曾任儿童团团长。1940年参加新四军，曾任金坛抗日民主政府建昌区区长。中华人民共和国成立后，曾任金坛县登冠区区长，后离职。

邓光辉，九里蒋庄村人。参加过抗日战争、解放战争和抗美援朝战争，曾任连长，后退伍。

此外，还有郦毛头、郦腊保、郦道生、郦正保、郦小良、朱寿福、郦立根、周兆荣、徐毛头、陈敖金、陈须生、陈茂城、蒋金堂、刘召子、郦亚佩、王祝庆、郦须川、赵龙、徐毛头、马更生、汤德生、赵荣芳等。

附二：九里村革命烈士表

表 5

九里村革命烈士表

姓　名	性别	出生年份	出生地	参加革命年份	牺牲地点
潘毛头	男	1915	岗村村	1941	未查清
周伟霖	男	1916	九里村	1938	1942年病故
潘明正	男	1916	岗村村	1943	淮海战役
陈根林	男	1916	旧县村	1941	1940年10月黄桥战役
李　书	男	1916	旧县村	1939	金坛某次战斗
周法根	男	1917	九里村	1938	1938年7月句容战斗
贡家漠	男	1917	九里村	1938	扬中八桥战斗
郦敖川	男	1917	旧县村	1940	1941年延陵到九里的路上
景锁根	男	1917	景家渡村	1942	渡江战役
田毛团子	男	1917	蒋甲村	1942	1942年天目山战斗
谭世保	男	1918	九里村	1939	1940年溧阳竹箦桥
邓宝根	男	1918	蒋庄村	1940	珥陵战斗
景炳荣	男	1918	景家渡村	1942	1942年天目山战斗
郦元兰	男	1918	旧县村	1943	1942年天目山战斗
郦毛头	男	1919	旧县村	1940	1942年天目山战斗
周黎明	男	1920	蒋甲村	1942	丹阳司徒
郦其祥	男	1921	九里村	1943	淮海战役
张清轩	男	1923	九里村	1945	1947年病故于苏北

长桥卧波

大 事 记

周

周灵王二十四年（前548）　冬　诸樊伐楚攻巢（今安徽安庆北）阵亡，余祭接位，季札被封于延陵邑。

周敬王三十六年（前484）　农历三月初六　季札谢世于延陵邑行宫，享年92岁，葬于距延陵集镇西九里的万顷圩旁（今九里村），后人立祠建庙祭祀。

汉

光武帝建武年间（25—56）　会稽太守第五伦毁季子庙，后又复建。

晋

孝武帝年间（373—396）　晋陵郡守殷仲堪率地方官员、乡绅百姓出资大修季子庙，并刊碑立赞。

南北朝

宋昇明二年（478）　季子庙新掘沸井中发现木简。

梁天监十二年（513）　九月　延陵县令王僧恕在季子庙外增道添景。

唐

垂拱四年（688） 狄仁杰毁吴楚之地一千七百多个淫祠，只留下夏禹、吴太伯、季札、伍员四个古人的祠庙，季子庙为其中之一。

开元年间（713—741） 孔子所篆延陵季子墓碑因风化而残缺，唐玄宗下令摹拓，重新刊石建碑。

大历十四年（779） 季子庙大修，改原庙宇坐西朝东为坐北朝南，正对墓碑建正殿。

是年 润州刺史萧定将殷仲容摹拓的墓碑铭文重刊于石（世称唐碑），延陵县令卢国迁为墓碑建亭立堂保护。

宋

元祐三年（1088） 九月 九里大旱，润州知府杨杰到季子庙求雨，三日后大雨，旱情顿解。杨杰呈报朝廷，季子庙被敕赐“嘉贤”庙号。

宣和七年（1125） 丹阳众官绅发起翻建季子庙。至建炎元年（1127），大殿及官庐基本建成，时因金兵入侵，直至南宋绍兴元年（1131）庙宇完工。季子庙更名为嘉贤大帝庙。

庆元年间（1195—1200） 钦赐季札为昭德侯。

元

至元十二年（1275） 冬雪二十余日，奇寒，河塘冰封。

至正三年（1343） 位于季子庙前跨季河的木结构季河桥建成。

明

宣德元年（1426） 夫子阁后建让王楼，设兴让堂。

正统十年（1445） 重建季子庙正殿，掘地时发现季札墓，遂见棺而止，建正殿于墓上。

景泰二年（1451） 延陵昌国寺僧侣捐款将木结构季河桥改建为石拱桥。

景泰六年（1455） 浚香草河。崇祯年间又浚。

万历十三年（1585） 季子庙增建上下山门和64间廊房。

万历年间（1573—1620） 吴国仁编修《延陵九里庙志》。

崇祯十三年（1640） 秋 大旱。十四、十五年，又大旱，农田颗粒无收，饿殍载道。

清

顺治九年（1652） 季子庙内增建乡约所。

顺治十三年（1656） 重修季子庙正殿和廊房。

乾隆十三年（1748） 乾隆帝下令每年八月十八日，季子庙增设秋祭。

道光四年（1824） 季子庙建筑全部翻新油漆，三年完成，庙貌焕然一新。

光绪十九年（1893） 大水。九里马山门紫泥涵倒塌，水淹农田万余亩，经丹阳、金坛、丹徒3县民众共同抢险一周，重修此涵。

宣统元年（1909） 修缮季子庙正殿，并设神橱以妥先灵。

宣统二年（1910） 丹阳县设九里镇。

中华民国

1927年

是年 国民政府定都南京后，九里设警察派出所，驻巡警10余人。

1931年

7月 降水585毫米，为数十年罕见。洪水宣泄不畅，香草河九里段东堤溃决，淹没丹阳、金坛2县80余村庄，受灾农田30万亩。

1934年

是年　大旱。湖塘干涸，香草河几近断流，为抢水源，地方百姓酝酿械斗，丹阳县县长毕静谦现场调解。

是年　因旱灾，除蒋庄岸和赤石岸，其余田块大都严重歉收。

是年　丹阳县行政区划调整，延陵、九里设延陵镇和九里乡，均属第二区（延陵区）。

1935年

夏秋　域内霍乱疫情流行，共死亡五六十人，其中九里村死亡36人。

冬　疏浚香草河，按田亩派工，以工代赈。

是年　香草河通航（宝堰—九里—丹阳）小货轮，因对河堤影响较大，百姓反对而停航。

1937年

12月17日　日军入侵丹阳，延陵九里地区沦陷。

1938年

7月7日　陈毅在宝堰召开丹阳、镇江、句容、金坛4县各界人士代表会议，成立四县抗敌总会，九里乡乡长鞠步云应陈毅邀请参会。

7月10日　陈毅率新四军第一支队进入丹阳县境到达九里。

7月19日　新四军二团进驻延陵、九里地区。

秋　旧县、蒋庄先后成立中共支部。中共苏南十地委派员在张庄等村发展地下党员，成立支部。

1939年

1月7日　日军偷袭九里村，枪杀村民3人，抓走8人，其中3人逃脱，5人失踪。

4月　延陵常备队改编为新四军丹阳独立支队，支队长王作舟。

7月7日　日军扫荡延陵，杀害群众109人，烧房172间。

9月　新四军创办西贺中学，陈毅莅临并讲话。

11月8—9日　新四军第一支队老二团、新六团与丹阳独立支队在王必成指挥下，在贺甲村围歼日军武村中队，歼敌168人，俘3人，缴获大量武器弹药。陈毅亲自书写“铁的队伍”4个字制作红旗授予丹阳独立支队。

12月　陈毅在九里召开减租、减息、团结抗日大会并发表演讲。

是年　新四军在反清乡、反扫荡中，坚壁清野，为避免日军利用，季子庙被忍痛烧毁。

1940年

12月　日军强占农田、强征民夫修筑延陵至宝堰公路。因百姓暗中破坏，只通了一次车。

是年　季子庙道士为季札神像搭建简易房屋，并将其鎏金著彩，还举行简单的开光仪式。

1941年

8月9日　新四军46团1营在地方武装配合下，分3路攻打九里伪军据点，俘敌100余人，缴获轻机枪2挺、步枪70余支。

下半年　中共丹阳县委派出邓平为组长的五人小组在九里进行民主建设试点，区乡代表大会选举国民党员庄承烈为区长，共产党员施忠为副区长。

1942年

5月　新四军在九里以群众入股方式成立九里消费合作社。

冬　九里区开展“二五”减租和“一五”减息工作，建立健全雇工会组织。

12月　新四军江南财经处在延陵镇开设惠农银行，发行惠农币。

1943年

1月5日　晨，日军袭击驻蒋庄村的新四军江南财经处，18人光荣牺牲，4人被捕。

2月23日　日伪军1800余人“扫荡”延陵、九里地区，并在延陵设特工站。

6月26日　新四军袭击日伪延陵特务队和“清乡”指挥中心，俘伪职人员近200人，焚毁日伪户口簿、田赋册。

8月27日　丹阳县县长杨知方在蒋甲遭日伪军袭击负伤，一妇女掩护其脱险，被日伪军打成重伤。

12月　新四军游击队活捉并处决九里日伪据点日军翻译和情报员。

1944年

4月16日　茅东县警卫连攻占延陵伪据点，俘伪军75人。

同月　九宝区发动九里村及周边村群众，将季子庙戏楼拆除，以阻日伪军进驻。

9月　宝堰日伪军100余人，窜至九里、旧县等地抢粮2500余公斤，茅东县警卫营一部在堰坡桥设伏将粮食夺回，连长李纪根、警卫员裘锁根在战斗中牺牲。

是年　为支援天目山反顽战斗，九里地区共派出约200余部独轮小车为新四军送粮（每部小车2位民兵）。

1945年

10月　新四军北撤，九里地区留守人员坚持地下斗争。

1946年

3月　茅东县九宝区留守处军事股股长邓大毛叛变，致使12名留守中共地下党员和积极分子被捕，其中5人被国民党军杀害。

是年　国民党京沪区绥靖督导团实施军事清剿，九里、张庄、景家渡等村多人被抓，后用重金赎出。

1948年

8月　原九里镇与寿安乡之大部合并成立九里乡。

是年　九里组建醒狮篮球队，举办九里地区首次篮球锦标赛。

1949年

4月22日　晚11时，人民解放军进入丹阳城，23日九里解放。

5月　延陵区九里乡人民政府成立。

中华人民共和国

1949年

10月1日　九里群众隆重集会，庆祝中华人民共和国成立。

1950年

春　季子庙季札神像及其房屋被推倒。

12月　土改工作在九里全面展开。

是年　九里农会成立。

是年　开展镇压反革命运动，枪决反革命分子3人。

1951年

上半年　九里联合诊所成立。

秋　各村发动农民组织农业生产互助合作组。

11月　九里各村土改工作结束，24户被划成地主。

1952年

是年　延陵区在九里设供销合作社经销点。

是年　部分农户组织季节性互助组。

1953年

春　寒潮袭击，大片麦苗冻死，政府发动农民移栽补苗。

6月28日　丹阳、丹徒、金坛3县成立马山门三县联合防洪委员会，联防组织驻九里村办公。

是年　各村成立农业互助组，集体劳动，按时记工。

1954年

4月　实行粮食合同预购制，粮食部门发放预购定金。

7月1—3日　大雨，香草河水暴涨，水位超1931年。

12月　大雪，地面积雪尺余，雪后连续低温-18℃。小麦冻害严重，政府号召移栽补苗。

是年　九里地区各村成立初级农业生产合作社。

1955年

是年　马山门（九里）、旧县高级农业生产合作社成立。

1956年

1月　实行手工业和私营工商业社会主义改造。九里在原铁木竹五匠组基础上成立农具厂，九里供销合作社经销点增设棉布柜和废品收购站。

9月18—24日　暴雨如注，香草河水位暴涨，八卦塘处河堤决口，蒋庄岸村被淹。

10月　九里乡与大吕乡合并为九里乡，属延陵区。

冬　整治香草河，九里枣树湾段裁弯取直。

是年　马山门（九里）、旧县高级农业生产合作社划归金坛县管辖，不久又划回。

1957年

8月9日　降雨112毫米，马山门水位由早晨4.3米涨到12时7.38米，万顷洋受淹。

12月　香草河从丹阳宝塔湾至九里段全线拓浚。

是年　全县小乡并大乡，九里（含大吕）、行宫（含东皇）两乡合并为行宫乡。

1958年

9月8日　延陵人民公社成立，九里高级农业生产合作社改称九里生产大队。

同月　各大队办公共食堂，农民集中就餐。

秋　开展农业生产“大跃进”运动，秋收秋种，实施深耕深翻。

是年　九里邮政代办所安装磁石电话交换机。

1959年

6—8月　大旱，九里地区劳动力全力投入抗旱。

是年冬　因生活困难，九里部分青壮年开始外流江西、新疆。

1960年

是年　九里购买配有水泵轮机船1艘，为水稻戽水灌溉。

1961年

2月　按生产队耕地总面积5%—7%标准划分社员自留地，外加1头猪和2分饲料田。

冬　公共食堂解散。

1962年

是年　部分生产队引进河蚌，开始利用水面挂蚌育珠，发展多种经营。

1963年

是年　开挖朝阳河，建朝阳闸。拆三圈桥，建九里电力灌溉站。

1964年

11月　疏浚通济河，次年1月竣工。

是年　开展社会主义教育运动（即“四清”运动）。

1965年

春　九里发生流行性脑脊髓膜炎，县卫生部门到九里积极防治。

6月20日　晚，13号强台风过境，雨量50年未遇。河道水位猛涨，马山门水位8.26米，超警戒水位0.86米；通济河水位7.36米，超警戒水位0.76米。

1966年

7月　“文化大革命”开始，九里季子庙内“十字碑”被推倒，铁香炉被敲碎。

12月　贺甲建贺甲战斗烈士墓、纪念碑和碑亭。

1967年

是年　社队工业起步，大队和生产队创办小五金厂和小型砖瓦厂。

1968年

12月　中、小学下放到大队办。

是年　各村设知青接收点，安置城市知识青年到农村插队落户。

1969年

冬　疏浚通济河。

是年　实行合作医疗制度，生产队设保健员，生产大队建卫生室，配“赤脚医生”2—3人。

1970年

2月　流行性出血热流行，九里感染者甚众。经抢救，少有患者死亡。

是年　平整土地，格田成方形成高潮。

1971年

8月　九里地区采用推荐、选拔方法招收大学及中专“工农兵学员”。

是年　建朝阳桥。

1972年

7月　暴雨成灾，最大降雨量328毫米，主要公路及河道全部断绝交通。

12月　疏浚香草河。

是年　建钢筋混凝土双曲结构九里桥，长60米，宽6米。

1973年

春　各生产队大面积放养“三水一萍”（水浮莲、水葫芦、水花生和绿萍），沤制有机肥。

7月　暴雨，朝阳河倒圩，姜甲庄村民刘桂花抢险时被激流溺亡。

1974年

冬　开展以灭鼠为主要任务的爱国卫生运动。

1975年

8月　计划生育小分队成立，宣传和推行“晚（婚）、稀（生）、少（生）”生育政策。

12月　开挖中心河（二期工程）。

1976年

8月　各农户和生产队搭“防震棚”，村民移居室外，预防地震。

是年　旧县大队被评为“江苏省养兔先进单位”。

1977年

5月1—4日　连降大雨，雨量160毫米，三麦大面积受涝。

1978年

2月开始　遭百年未遇特大干旱，形成“旱黄梅”，盛夏提前，持续高温。

冬　实施农村“井水化”，各村开挖公共饮水井。

是年　旧县、九里两大队被评为“丹阳县养兔高产大队”。

是年　丁延公路行宫至九里段建成通车。

1979年

是年　下放知识青年开始分批回城。

1980年

是年　县文管部门在九里村民协助下，将被推倒的“十字碑”扶正复位，建亭保护。

是年　开中心河，建朝阳排涝站。

1981年

春　各生产队三麦白粉病危害严重，小麦减产。

9月　推行以组为单位的联产承包责任制。

1982年

是年　九里季子墓碑“十字碑”被列为江苏省级文物保护单位。

是年　以组为单位的联产承包责任制向家庭联产承包责任制过渡。

1983年

秋　农村经营体制改革，改生产大队为行政村，建村民委员会，改生产队为村民小组。

1984年

春　整顿赤脚医生队伍，赤脚医生改名为“保健医生”。

1985年

10月　连降大雨，秋种延迟，推行免耕法。

是年　九里村划朝阳河北28亩耕地为贺甲中学新校址。

1986年

12月　丹阳县政府改建贺甲战斗纪念亭。

是年　九里村、旧县村年产鱼千担，名列全县前茅。

1987年

11月28日　气温骤降，两日内气温降至-4℃，温差18.2℃，三麦、油菜受冻害。

1989年

2月　遭强冷空气袭击，大雪，三麦、油菜冻害严重。

1990年

8月31日至9月1日　遭强台风袭击。

1991年

夏　暴雨，连续4次共降水1093毫米，各行洪河道均超历史最高水位，洪涝灾害严重。

11月　拓浚通济河，培堤固基。

1992年

是年　丁延公路改建为沥青路面。

是年　全村承包户开发鱼池300余亩，发展水产养殖业。

1995年

是年　九里地区接通自来水。

1996年

是年　九里村被丹阳市委评为“五好村”。

1997年

6月11日　遭暴风雨和冰雹袭击，部分房屋和电杆被毁，大部秧苗受害。

9月21日　新加坡华裔吴氏寻根团吴清林、吴杏训、吴腾方等一行64人到九里寻根。

是年　农村合作医疗大病统筹制度开始实行。

1998年

9月　九里农村土地二轮承包启动，年底结束，发土地承包经营权证。

1999年

2月　江苏南洋印务集团有限公司陈联芳捐款30万元，金坛企业家曹瑞林捐款20万元，用于修建季子庙。

8月1日　重建季子庙工程奠基开工，2005年9月竣工。

是年　旧县、九里、贺甲、塔路头等村建成村级混凝土主干道。

2000年

12月23日　季子庙重建一期工程（大殿、碑亭、宝鼎、廊房）完工，举行开光仪式。江苏省道教协会会长杨世华主持开光仪式。

是年　贺甲战斗旧址升格为镇江市级文物保护单位。

2001年

2月27日　丹阳首条旅游专线——“上茅山回九里一日游”开通。

4月　季子庙戏楼竣工。

是年　张庄、贺甲、塔路头3村合并为五星村。

2002年

3月21日（农历二月初八）　为季子庙东廊、西廊26尊神像、下山门王灵官5尊神像举行开光仪式。

11月　季子庙甲子殿（十二生肖殿）竣工，次年3月22日举行开光仪式。

2003年

是年　修缮贺甲战斗旧址——贺氏宗祠，翌年竣工。修旧如旧，保留祠堂外山墙所有弹孔。

2004年

3月28日（农历二月初八）　观音殿（慈航殿）举行奠基仪式。

10月　季子庙门楼开工建设。

是年　九里现代观光农业基地建成。

2005年

7月19日　季子庙钟楼、鼓楼竣工。

10月21日　九里季子庙景区被列为国家AA级景区，季子庙被批准为丹阳市爱国主义教育基地。

10月21—23日　季子庙观音殿（慈航殿）举行开光仪式。

11月　行宫、麦溪、延陵三乡镇合并为延陵镇。

2006年

2月29日　《九里季子庙风景区总体规划》评审会在丹阳东进大酒店举行，东南大学教授周武忠和市相关领导出席。

3月28日—5月10日　“中国丹阳首届九里季子文化旅游节”在季子庙景区举行。

10月13日　中央组织部常务副部长赵宗鼐一行考察季子庙。镇江市委组织部部长徐郭平、丹阳市市长王常生和丹阳市委组织部部长刘正泰陪同考察。

10月14日　江苏省建设厅、文化厅和东南大学组团考察九里历史文化实物遗存情况。

11月　九里季子观光园被评为“江苏省省级农业观光园”。

12月26日　九里村被评为江苏省历史文化名村，并申报第三批中国历史文化名村。

是年　九里行政村被评为镇江市文明村。

2007年

4月　吴季札和九里季子庙入选“丹阳名片”。

是年　季子庙风景区季子农庄获“全国农业旅游示范点”称号。

2008年

5月17日　延陵镇政府举办“中国丹阳第二届季子文化旅游节暨诚信日”活动。

是年　九里新村一期主体工程竣工。

2009年

6月17日　130名镇江新四军研究会新四军老战士专程到贺甲烈士陵园凭吊革命先烈，举行贺甲战斗胜利70周年纪念仪式。

6月20日　“九里季子庙会”被列入江苏省第一批非物质文化遗产保护扩展项目名录。

是年　九里老村拆迁工程结束，九里新村二期工程、退隐湖工程、农家乐工程开工，先期投资900万元。次年竣工，面积1.1万平方米。

2010年

5月20日　中央电视台《走进科学》栏目组到九里季子庙拍摄“沸井之谜”。

6月　九里、旧县、五星3个村合并为九里村。

是年　九里村被评为“丹阳市平安社区”。

2011年

9月19—26日　中央电视台联合江苏省地质调查研究院对九里季子庙“沸井”及周边地区进行为期一周的科学考察。

是年　九里村被评为“2007—2010年度丹阳市文明单位”。

是年　投资9600万元的九里集中居住区三期工程完工。

2012年

6月2日　中国丹阳第三届季子文化旅游节在九里村开幕，省、镇江旅游局相关领导出席开幕式。

是年　投资近6000万元建设的连接延陵集镇和九里景区的延九路及景区中心路拓宽工程竣工。

春滿九里

是年　九里村被评为“2010—2012年度江苏省文明村”“江苏最具魅力休闲乡村”。

2013年

4月15日　丹阳市委宣传部与延陵镇政府联合举办“天下奇观——长三角晚报看沸井”采风活动。

8月26日　九里村入围中国传统村落名录。

是年　投资2500万元完成九里新村商业街建设，投资2000万元完成农户搬迁安置工作。

是年　整修贺甲烈士墓及碑亭，将延陵镇范围内烈士墓迁入贺甲烈士墓，改名为贺甲烈士陵园。

2014年

11月21日　“延陵镇九里村首届农民文化艺术节”在九里新村宣德广场举行。

是年　延陵镇投资10万元整治九里季子庙东和庙北停车场环境，投资45万元修缮季子庙大殿，投资230万元对九里新村进行新一轮提档升级。

2015年

1月　九里村被镇江市政府命名为“美丽宜居乡村”。

3月27日　九里崇福寺奠基开工，翌年12月16日竣工，举行神像开光仪式。

6月1日　中央电视台《走遍中国》栏目组在九里拍摄“沸井奇观”。

2016年

3月16日（农历二月初八） 天王殿奠基开工。

2017年

5月8日 丹阳市政协赠季子庙季札铜像一尊，并举行揭幕仪式。

9月 中国传统村落保护项目工程之季子庙老街项目开工。

11月 九里村被中央精神文明建设指导委员会授予“2017年度全国文明村镇”称号。

2018年

2月 九里村被江苏省环境保护厅授予“江苏省生态文明建设示范村（社区）”称号。

3月12日 江苏吴季札文化旅游发展有限公司成立，规划开发九里风景区西部景区。

4月 季子文化旅游节开幕，景区内举行为期一个月的灯会。

2019年

1月25日 中央电视台《我们的中国梦——文化进万家》文艺演出走进九里。

7月 九里新时代文明实践站在九里新村综合服务中心设立。

2020年

9月29日 “德圣故里·大美延陵”2020年季子文化旅游节开幕仪式在

原创歌曲【九里的风】

九里风景区举行。

12月18日　水利部副部长陆桂华到九里调研生态清洁小流域建设工作。

12月　九里村被江苏省住房和城乡建设厅授予“江苏省特色田园乡村”称号。

同月　九里村被丹阳市精神文明建设指导委员会评为丹阳市文明村。

2021年

1月11日　九里风景区被评为国家AAA级风景区。

4月30日　2021季子文化旅游节暨首届风筝艺术节开幕。

7月　九里村被中共镇江市委农办、镇江市农业农村局、镇江市乡村振兴局评为镇江市乡村休闲旅游农业康美基地。

9月23日　九里村被中央农村工作领导小组办公室、农业农村部、中宣部、民政部、司法部、国家乡村振兴局公布为第二批全国乡村治理示范村。

12月　九里村被江苏省放心消费创建活动办公室、江苏省市场监督管理局评为江苏省美丽乡村放心消费创建示范村。

编后记

《江苏名村·九里村志》编纂工作从启动到付梓印刷，耗费七年时间，历经种种波折，可谓千呼万唤始出来。

2017年4月，在江苏省方志办统一部署下，《九里村志》编写工作正式启动。中共九里村委员会和九里村民委员会对这项工作十分重视，给予全方位支持，于当年5月组建了15人的资料采编队伍，并开始了调查走访工作。经过半年多的艰苦努力，先后8次召集资料采编员会议，总共采集10万余字的历史文化资料，为《九里村志》的编纂提供了比较翔实的资料。2017年12月完成初稿。初稿完成后，在丹阳市史志办领导及专家的悉心指导下，几易其稿，反复修改，于2018年10月形成初审稿。

此后，根据全省名村志体例格式的最新要求，力求做到图文并茂、体例规范统一。《九里村志》初审稿一度搁置。

2022年7月，在丹阳市史志办和延陵镇党委、政府的关心支持下，《九里村志》重新整编工作启动。省方志办、镇江市史志办给予了耐心的指导。经过一年半时间，重新规范了体例、确立了纲目、整合了内容、丰富了图片、增加了延伸阅读，形成了符合新时代要求的新村志。《江苏名村·九里村志》的顺利付梓，得益于延陵镇党委、政府领导的大力支持，得益于镇江市史志办、丹阳市史志办诸位领导专家的直接指导，得益于九里村党委、村委的全力配合，得益于编辑同志的勤奋工作和广大热心于修志的同志的鼎力相助，在此一并致谢。

《江苏名村·九里村志》的时间跨度大，许多史实无从查考，难免阙漏；再则，编写人员囿于水平，在文句的斟酌、叙述的详略、重点的把握、材料的遴选等方面难免有不当之处，尚请方家包涵斧正。

编　者

2023年12月